日本の心がマーケティングを超える

——おかげさまの心　ぶれない心

三浦　功・溝呂木健一
甲斐貫四郎・青島弘幸　著

税務経理協会

推薦の言葉──マーケティングは温かい心の触れ合いが基本

多くの人はマーケティングを、企業が消費者に購買の促進を働きかけ、売り上げを上げ、利益を上げるための行為であり、技術と考えている。それは不幸にして実態に近いものであるが、正しい理解ではない。正しい理解とはメーカーが良い商品を作り、流通業が適切な値段を付け、それを買った消費者が心から満足することである。この信頼の連鎖が正しいマーケティングであり、そこにはお互いに気持ちのつながった温かさがある。

この本はマーケティングの一番中心にあるこの心のつながりを「おかげさま」と言い、これからのビジネスの基本にしようと呼びかけている。大賛成である。

これまで日本が学んできたマーケティングの多くはアメリカ生まれであり、それは大量生産・大量販売を中心とするもので、どうしても量にこだわり、最後は販売量で評価することになる。その点日本のマーケティングは質にこだわり、満足の内容で評価することになる。この違いは大きい。

これからのマーケティングはこの日本の思想が本流で、すでに世界もその方向に向かっている。メーカー、流通業者、消費者が心を通い合わせ、冷たく計算高いビジネスではなく、温かく思いやりのあるビジネスをすることが、これからの日本と世界を引っぱっていく基本だと思う。この本はこうした日本らしい本来あるべきマーケティングの姿を、分かりやすく教えてくれるものである。

４人の執筆者は、我われが28年前に創った日本マーケティング塾で学び合った仲間である。日頃の実務を通して、これからのマーケティングについて思うところを主張する姿勢を高く評価したい。一読をお薦めする次第です。

㈱日本マーケティングシステムズ相談役
㈱日本マーケティング塾取締役
鳥居　直隆

はじめに

1　2011年という年、日本人の心が変わった

２０１１年という年は日本人にとって記憶に残る年になったと思います。〝日本人の心が変わった〟と思います。東日本大震災と原発事故、それに続く大節電の現場を全国民が体験しました。テレビやネットが普及した今、この現場は全国民にとっての現場です。長引くデフレや加速する高齢化社会の問題を「どうにかなるさ」と眺めていた国民の多くが目覚めたと思います。その中で、想定外な発言や、巨大な隠し事に心の底から怒りがこみ上げてきました。一方で、世界から日本人の冷静さが評価されもしました。

マーケティングのありようも一変しつつあります。あの瞬間、企業によるテレビＣＭが消えて公共広告機構によるＣＭばかりが繰り返し流されました。全国の大型マーケティングイベントの多くも中止になりました。自粛一色でした。

振り返ると日本は１９４５年の敗戦以来、日本らしさを捨ててアメリカ一辺倒でやって

きました。おかげで史上例のない「贅沢《ぜいたく》な65年」を過ごさせてもらいました。これでいいのかという悔悟《かいご》の情を持ちながら、「このぬるま湯を出ると風邪をひく」と自分を納得させて一日延ばしをやってきたのです。震災の直後、外国人の多くは離日しました。しかし島国日本と日本人には逃げ場はないのです。自分を見直して賢く生きるしかありません。生活者の心が変わるということはマーケティングも変わるということです。

2 日本らしさ、を活かす

日本らしさがあればアメリカらしさもあります。GMらしさもあればトヨタらしさもあります。〝らしさ〟とは、他が持っていない自分なりの良い特徴のことです。その多くは自然からのかけがえのない恵みからきています。日本らしさってどんなことだろうか、と考えてみました。他の国が持たない日本なりの良い特徴って何だろう。定義的に示すのはなかなか難しい。心配り、出すぎない姿勢、先輩への敬意、感謝の心、芯の強さ、自然への畏怖《いふ》、その特徴はいろいろと表現できます。おかげさまの心を持った国民の国とも言えます。共生の精神を持つ国とも言えます。

この特徴が良く出る場面もあれば悪く出る場面もあります。この特徴が一貫した行動になっていなければ、敬意に値しないものになります。ぶれない心で実績を積み上げていけば、それが信頼になり、ブランドになります。西欧の持つ合理性に学びながら、日本と日本人らしさを活《い》かして世界の中の日本を創り上げる機会が今だと思います。

3　この本は実務家たちによる思いの本です

1984年、「これでいいのか」という思いから、4人のマーケティング実務家が日本マーケティング塾という場を立ち上げました。共感する個人や企業が集まり28年間も続いています。4人のうち2人は亡くなりましたが、思いは引き継がれています。

塾で学び合った有志が、これからのマーケティングについて語り合ってきました。その渦中に東日本大震災が起きました。その瞬間、この有志が共通に言葉にしたのが、「日本人の心が変わった」でした。この本を書いた4人です。三浦功は価値を生み出すチャネル戦略をテーマにして、流通の指導に当たってきた生き証人です。溝呂木健一は化粧品メーカーで高品質高級品のブランド戦略を実証してきた人で、今は大学の先生です。甲斐貫四郎はアメリカ大企業の日本マーケティングを引っ張った人です。青島弘幸はオーディオ機器のトップメーカーでマーケティングを担当した後、ブルー・オーシャン戦略を実証指導している人です。マーケティングの実務家たちが、その立場から日頃悩んでいること、夢見ていることを議論してまとめたのがこの本です。論理の合わないところ、互いに矛盾するところも多いと思いますが、「日本らしいマーケティングについて話したい」という思いをくんでください。

4　手法を超える日本の心

日本は今、不安の中にいます。東日本大震災からの復興、欧米発金融恐慌と超円高、環境は厳しいの一言です。課題は内需の創造です。新しいマーケティングへの期待が広がっています。解決策は日本人が持つおかげさまの心と、ぶれない心を軸にして新しい生活づくりを提案することです。逆転の発想が必要だと思います。高齢化社会や円高を逆手に取った発想が必要です。これまでの効率主義や前年対比主義を超えたマーケティングで新市場を創らねばなりません。手法を超える日本の心がキーワードです。これを機に日本はいい方向に変わると信じます。

我われはこの本のテーマを、「日本の心がマーケティングを超える―おかげさまの心ぶれない心」にしました。和魂洋才《わこんようさい》と脚下照顧《きゃっかしょうこ》という昔の言葉を実感しています。

２０１２年３月１日

執筆者一同

目次

第2章　もともとあった日本のマーケティング（青島）

第3章　マーケティングの本質に戻るとき（溝呂木）

日本の心がマーケティングを超える

―おかげさまの心　ぶれない心

第1章　液状化を起こした〝これまでマーケティング〟

1　届かなかった義援金・届かなかった救援物資

東日本大震災はM９の地震が主因ですが、それにも増して大きな被害をもたらしたのは原発事故です。原発は人災です。福島原発での罪は厳しく裁かれねばなりません。厳しい裁きがないままでの延長は次の巨罪をつくります。

地震と津波と原発が招いた災害に輪をかけたのは社会制度やマーケティングの甘さだったと思います。迅速に集まった全国からの義援金３０００億円がなぜ現場に届かなかったのか、集まったさまざまな救援物資が現場に届くのが大幅に遅れたのはなぜか、駆け付けた多くのボランティアが現場に行けなかったのはなぜか、ジャスト・イン・タイムシステムで結ばれた車部品などのサプライチェーンが止まり、世界の車生産に影響したのはなぜか、それらの多くは人為的なものでした。

法・行政の壁も大きかったと思いますが、柔軟に扱えたはずの民間活動にも画一化した効率マニュアルの壁や、サラリーマン化した企業組織の壁があったと言われます。それらを企業内部や外部からも検証し、罪を厳しく罰して国民に示し今後の災害対策に役立てねば、この犠牲は生かされません。ものごとには「遊び」と呼ばれるゆとりが必要です。応用の効かない効率主義が想定外の事態にあって液状化を起こしたとも言えます。車のハンドルには遊びが組み込まれています。効率一色ではかえって危険なのです。マーケティングでは「PDCAを回す」という言葉を使います。企画実施した結果を厳しくチェックして、功罪を見極めて次のアクションにつなぐことの大切さを言います。大事なことです。

(社)流通問題研究協会(IDR)では5月連休明けに全国ライフスタイルリサーチを実施しました。被災地を除く全国から9203人の回答を頂きました。図はその一部です。「普段どおりの生活ができるありがたさを感じた」という回答がトップでした。「地域生活とのつながりが大切だと思った」という回答も大きな数字です。「人任せにせず、自立して生きなければならないと思った」という人も42%に達しています。相対的には関東・東北など東での反応が敏感ですが、近畿・九州など西の受けとめ方にも厳しいものがあります。「義援金を送った」という回答率などは西のほうで高く出ています。まさに3・11ショックは全国民の問題であり日本人の眠気を覚ました〝ゆさぶり〟です。この図には出

図

3月11日の東日本大震災をきっかけにして、生活の「思い」に変化がありましたか。

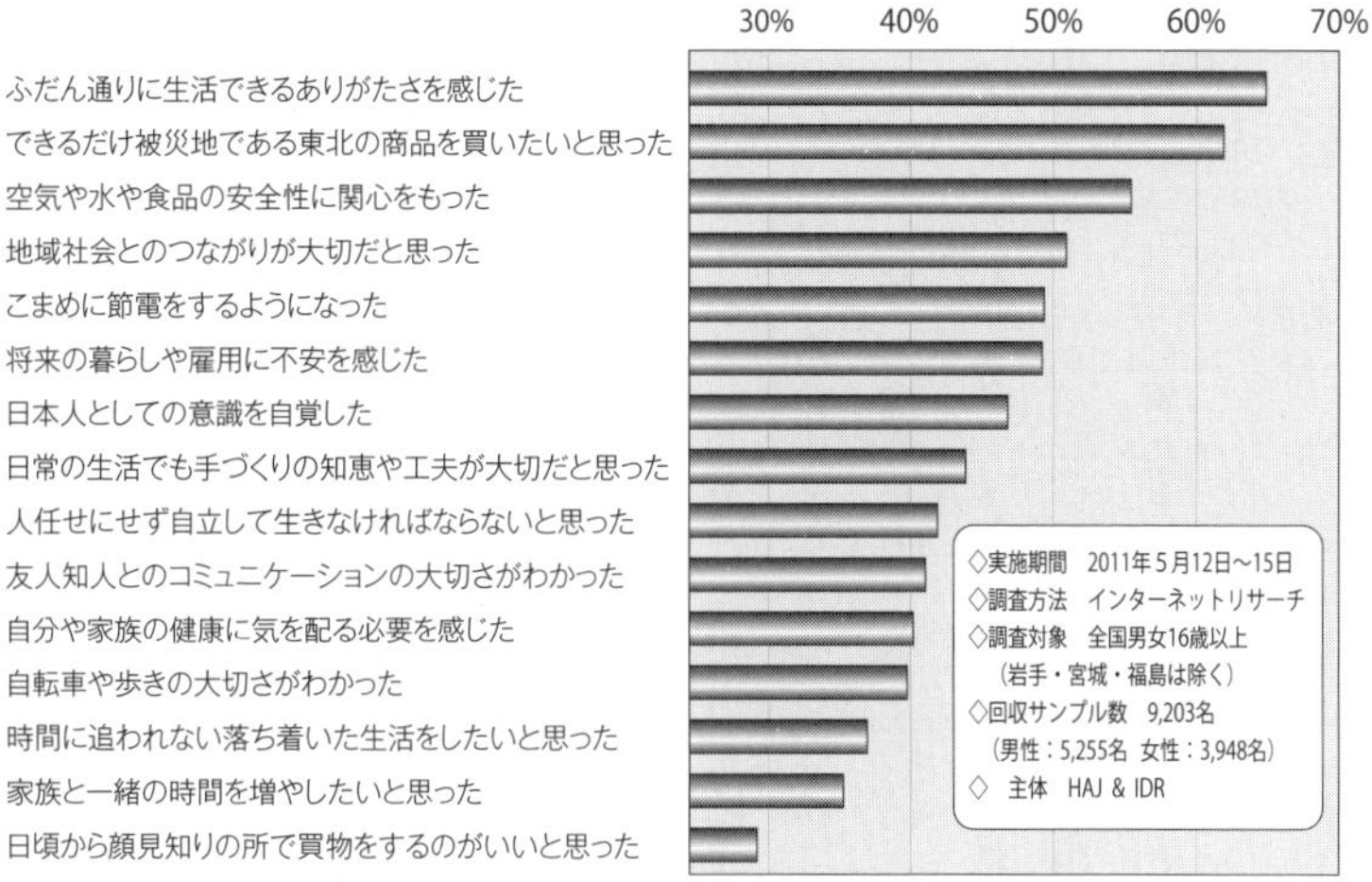

していませんが「頼りになった声は何だったか」を聞くと、テレビや新聞以外の声としては〝家族の声〟と同時に〝地方自治体の長の声〟という回答が目立ちました。これまでの中央発の体制から地方発の体制に変わっていく流れを感じます。名古屋や大阪の政治体制の動きはその方向を示しています。

ライフスタイルの変化を一言でいえば「セーブ＆スマート」だと思います。賢く節約した自分なりの生活への目覚めです。東日本大震災以後、原発エネルギーの見直しや税制のあり方など大きな変革が進んでいます。生活者消費者の声を直に掴《つか》んだ政治経済の舵取りが求められます。この臨場感を風化させることなく、我われも一緒に考え、解決に当たっていく気構えが必要と実感します。

2 日本らしさを見失ってきたこれまで

(1) ALWAYS三丁目の夕日、の情景

東日本大震災以前から日本のマーケティングは本来持っていた〝日本らしさ〟を見失って来ていたと思います。ひと昔前、まだ街々に商店街の活気があふれ、売り出しの掛け声が元気に聞こえていたころのマーケティングには人間味がありました。ヒット映画「ALWAYS三丁目の夕日」の情景です。街々の商店と商店街の役割は、単に商品を売り買いする場ではなく、店のばぁちゃんがワンパク小僧に「万引き遊びは犯罪の始まりだ」と諭したり、地元を知らない人が道を尋ねたときに親切に教えてくれる場所であったり、秋祭りの神輿《みこし》を束ねる場所でもありましたが、今、その姿は、すっかり変わってしまいました。24時間営業の魅力や、必要なものは何でも揃っているという便利さはあっても、人間味はすっかり乏しくなっています。経済計算をしにくい、すごく大きな価値を失っています。

(2) アメリカマーケティングの直訳

日本らしさを失った原因の多くは、アメリカ型生活やアメリカ型マーケティングの直訳にあったと思います。アメリカ型マーケティングには合理性と効率性が煮詰まっています。量のマーケティングと言ってもいいでしょう。

アメリカの巨大な資源を土台にして圧倒的な量で動く姿は、日本の個人にとっても企業にとっても、〝憧《あこが》れ〟でした。アメリカは、太平洋戦争で完膚《かんぷ》無きまで叩きのめされた日本人にとって、万能の神様のように見えました。日本のマーケティングは、このアメリカに学びアメリカに近づくことを命題にして成長したと言ってもいいです。そこには、〝日本らしさ〟が入り込むゆとりはほとんどありませんでした。

狭い島国でしかない日本がお手本にするには、アメリカは余りに大きく広い存在です。敗戦に学んだ日本は〝日本らしさ〟を徹底的に活《い》かした戦略を取るべきだったのです。小さくても、目的目標を絞った鋭く賢いマーケティングに徹するべきだったと思います。

(3) 売る驕《おご》りと買う驕り、らしさの喪失

日本人が本来的に持つ勤勉さと、アメリカ合理性からの学びと、裸からの立ち上がりと

いう事情に恵まれて、戦後の日本は脅威的な経済成長を遂げました。バブル経済期にそのピークを経験しました。成金ニッポンの登場でした。〝憧れのアメリカに追いついた〟とさえ思った時代です。

アメリカでは1960年代初頭にヴァンス・パッカードの『ウエイストメイカーズ』という書物が話題になりました。日本でも『浪費を創り出す人々』という題名で翻訳されました。「成熟した市場で新需要を生み出すには、浪費を計画的に創りださねばなるまい」という社会評論です。多かれ少なかれ、アメリカのマーケティングはその方向に向かい、マスプロ、マスコミ、マスセール、マス消費が全盛を極めました。超大型車や家電製品がシンボルでした。

経済成長を背景にして日本もこの方向を見習いました。その結果、随所に「売ってやる、買ってやる」という驕りが見られるようになりました。日本の商業の歴史には見られない姿でした。ある繊維業界の長老から聞いた話です。市場が拡大するにつれて取引がドライになってきたそうです。百貨店で一般化している消化仕入れ制や返品制という取引は昔はなかったといいます。買う驕りです。金融危機の時に社会問題になった銀行の貸し渋りや貸し剥がしなどというやり方は売り手の驕りです。

共に共生の信頼を損ねて、取引をドライにしています。このような不信感が危機の時に表面化して経済を不安定にしたのです。この驕りが日本の金融危機やアメリカのリーマンショックを生んだといっても過言ではないでしょう。

3　流通は大きくなった、きれいになった、残酷になった

(1)　流通革命論から50年

昭和37年、東大教授林周二先生が『流通革命』という本を出しました。これまでの商業が崩壊して新しく流通が成長するという社会経済予測でした。この本は商業経済の分野だけでなく、広く社会に影響を与えました。チェーン化によって経営規模が大きくなると、メーカーと大型小売業が直結するなど取引のダイレクト化が進む。これまで商業の中核を担ってきた卸業は中抜きになり縮小する。卸無用論と呼ばれ、卸売業界に大きなショックを与えました。

その頃から商業という言葉と共に流通という言葉が日常化され、新しいビジネスチャンスとして注目を集め始めました。当時の通産省はこれまでの商業政策を流通政策に切り替えて、流通近代化政策に乗り出しました。その背景にはアメリカ流通資本の日本上陸によ

る日本商業の席捲《せっけん》という危機感がありました。百貨店法を大店法に変え、改正大店法を経《へ》て、まちづくり三法に進めました。中小小売業振興法という法律を作り、中小小売流通の体力アップを進めました。アメリカに負けない合理的で強い流通を作り、製配販のパイプを円滑にしようという狙いです。

(2) 流通は大きくなった、きれいになった、残酷になった

経済成長、流通近代化が組み合わさって、日本の流通は急速に力をつけました。個人商店や近隣商店街や中小卸が激減する傍ら、チェーンオペレーションと情報システム武装による大型スーパーやホームセンター、郊外ショッピングセンターの大成長が見られました。世界的な流通外資も次々と入ってきました。

通信販売が伸び、生協が力を強めました。近隣商店の良さを一堂に集めたコンビニエンスストア（コンビニ）が伸び、ドラッグストアが伸びました。そのほとんどがチェーン本部と店舗の分業による合理的、効率的なシステムにより運営されています。流通は大きくなり、きれいになりました。

しかし、いいことばかりが続くわけではありません。チェーン化するということは標準化により規模利益を追求することですから、どうしても店は同質化します。同質化した店

が隣り合わせにあれば価格競争にならざるを得ません。猛烈な同質価格競争が進みました。成熟社会では価格を安くしたからといって消費者が余分にモノを買ってくれるわけではありません。結果的に収支は悪くなります。流通近代化の旗手と言われたダイエーが倒れました。マイカルも倒産しました。大型店出店反対の抵抗運動を押し分けて地域出店したスーパーの中からも、採算が合わずに撤退するところが相次いでいます。

出店してきた大型店との同質競争についていけない地方商店の多くは倒産廃業していますから、地元の消費者は買う場に困ります。今、買い物をしたくてもできないという買物弱者とか買物難民と言われる人々が全国で約６００万人以上いると推定されています。その多くは中高年齢の人々です。流通は大きくなった、きれいになった、しかし残酷になったと言ってもいいでしょう。

(3)　消費者に負けた・ネットに喰われた

参入してきた世界的な大規模小売企業の多くも撤退しました。カルフールも撤退し、テスコも撤退しました。その原因は何だったのでしょうか。日本の流通がアメリカ流通以上の力を蓄えて競争に勝ったというのでしょうか。まったく違います。さまざまな指標を見ても日本の流通業はそれほど強くはありません。

答えは、日本の大規模流通も、参入してきた流通外資も、日本の消費者に負けたということです。日本人の食生活は旬を大切にする生鮮品を土台にしています。日本のスーパーマーケットは量産型の加工食品を中心にするアメリカと大きく違うのです。このことは他の業態でも言えます。もともとあった日本らしさの流通と日本人のライフスタイルの変化を掴めない同質流通が破綻しつつあるのです。

この状況にインターネットの普及がぶつかりました。消費者自身がダイレクトに商品を探し、選び、注文し、クレームを言い合える流通が生まれました。どのブランド品はどの店が一番安いかをネットで調べてから買うという行動が珍しくなくなりました。どの店に行ってももう置いていない昔の魅力商品を、ネットで検索して取り寄せることができる流通が成長しつつあります。このパワーがこれまでの同質流通をさらに残酷なものにしつつあります。さあ、これからはどうなるのでしょうか。消費の未来と共に、流通の未来を考え、待ち伏せしなければ次のマーケットチャンスを掴むことはできません。

4　マーケティングを活かすチャンス

それでは日本の経済や流通はお先真っ暗なのでしょうか。そんなことはありません。これまでのやり方を見直してゼロからのスタートを覚悟すれば、今は絶好の機会です。これまでのマーケティングを見直してマーケティングの原点に戻る時、大きなチャンスが生まれます。まずやらねばならないことは足元固めです。

(1)　東日本大震災を風化させないこと

まずやらねばならないのは、東日本大震災を風化させないことです。復興予算を出しておけばいい、といった見せ掛けの解決ではなく、政治にも経営にも「一緒に20年後を創ろう、一緒に知恵を出し、一緒に汗をかこう」という真摯《しんし》な姿勢が必要です。そのためには今回の大震災を引き起こした原因と犯人を徹底的に追及して、断罪せねばなりません。うやむやにしては近い将来、また同じことが起こります。同時に被災地現場で〝未来〟を創ろうと具体的な努力をしている人々を支援し、未来への種をまくことです。背中を押すことです。この努力の姿が日本を変えていきます。

(2)　小さな漁港雄勝で誕生したNPO〝オーガッツ〟

雄勝は女川から車で約20分、山に囲まれた人口４８００人の小さな魚の街です。しかし、津波で４００人が流され、住民の多くは他所に移動して今の人口は１０００人です。支援金や補助金だけを頼りにしていては未来はない、自分たちの手でビジネスをやらねば未来はないと、漁師の伊藤浩光さんが立ち上がりました。私の若い友人、立花貴さんが仲間に加わりました。日本一の牡蠣《かき》やホタテを活かして新しいビジネスモデルを創ろうと考え合い、8月に「そだての住民」というビジネスモデルを創りました。東京など消費地の人々に呼び掛けて「一緒に牡蠣やホタテを育てよう」「一口一万円の会費で2年かけて自分が育てたカキやホタテを楽しもうよ」という会員制マーケティングです。3か月で1700人の会員が集まりました。NPOの名前は〝オーガッツ（雄勝）〟です。将来は5万人の会員流通システムに育て、会員に食材を食べてもらうだけではなく、素晴らしい自然を第2のふるさととして楽しんで欲しいと夢を持っています。私もその会員です。11月19日、東京から20人の会員がやってきました。10人の漁師たちと深夜まで夢と苦労を語り合いました。震災前には考えもしなかったビジネスモデルの芽です。背中を押したい、背中を押して欲しい。

(3) 気仙沼で知った〝商店コンビニ〟

昨年11月20日、気仙沼に行きました。気仙沼の被害にも目を覆うものがあります。タクシーで魚市場から駅に戻る途中、「あの時、一番頼りになったお店はどこでしたか」と運転手さんに聞きました。ポツポツと答えてくれました。ご本人も九死に一生を得たとのことです。家族４人が再会できたのは４日後だったそうです。周辺には〝流された知り合い〟がいっぱい。そのなかで「頼りになったのは○○商店さんですよ」と話してくれました。その店の前を通ってもらいました。セブン‐イレブンでした。運転手さんはセブン‐イレブンではなく、「○○さんのお店」と言うのです。その商店が「家族総出で商品を出し、相談に乗ってくれたのが素晴らしかった」と運転手さんは語ってくれました。日本人の暮らしの中でなくてはならない存在になった〝コンビニ〟の価値がこんなところにあったのだ、と感激しました。コンビニについては、FCというシステムと徹底したマニュアルでの店舗運営ばかりが目についていました。どこに行っても同じという価値のほうに目が行っていました。しかし、強いのはフランチャイジーの商店主や家族の地域生活に根差した力なのです。それを先端システムで支援するところに復活の芽を見ました。

(4) 超円高の今、上質の内需づくりがカギ

東日本大震災と共に、１ドル75円前後という超円高が襲っています。世界一の財政赤字国〝日本〟の円がなぜ強いのか不思議でさえありますが、私は日本人らしさのおかげだと思っています。日本は貯蓄性向が著しく高い国です。金利ゼロでも節約しながら貯蓄する

のです。この力が日本の国債を強くしています。しかし、この面だけに頼っているわけにはいきません。稼ぎが必要です。

超円高は輸出にはブレーキです。海外に生産拠点を移すことによる対策は企業にとっては有効ですが、タイの大洪水のようなアクシデントに見舞われると最悪です。いろいろ対策は考えられますが、大事なのは足元の見直しです。日本のＧＤＰの６割は国内消費です。これを強くせねばなりません。

日本は世界一の高齢化社会ですし、モノがいっぱいで足の踏み場もない状況です。しかし、新しい消費を創れないわけではありません。これまでにない質の高い消費を創りだすためのマーケティングに全力をあげることです。素晴らしいモノをどう活かして使うか、これまでのモノをどうリサイクルするか、浪費でなくストックになる上質なモノをどう創るかです。このためには生産だけではなく流通サービスのマーケティングが重要になってきます。これまでになかった生活の仕方を提案実践することがマーケティング課題です。

昔型の家具屋さんの多くは廃業しましたが、イケヤやニトリといったライフスタイル提案型の専門店が好調です。彼らは仕入れた商品を再販売しているのではありません。自分の企画で顔の見える商品を開発製造して売り切っているのです。製造専門店という新しいビジネスモデルです。

火力発電所を活かして野菜農園をつくろうなどという政策案もあると聞きます。農業の六次産業化なども弱い農業をリーディング産業にしたいという気持ちからの策と思います。政府は「10年後の日本らしい生活とビジネス」といった具体性のあるビジョンを示して、意欲者の背中押しをせねばなりません。

(5) 知恵と工夫のマーケティング

もう、過去のマスマーケティングに固執していては駄目です。日本人らしいお役立ちマーケティングに切り替えねばなりません。生活者起点のマーケティングに脱皮せねばなりません。可能性は無限にあります。それぞれの地域に特徴的な素材や文化や技術がありまます。これを活かせば、これまでのマスマーケティングを超えた価値マーケティングが可能になります。高齢化社会を逆手に取れば〝素晴らしい〟が生まれます。楡周平さんは『プラチナタウン』という小説でそのイメージを提案しています。

高齢化した小さな町が高齢化を逆手にとって住みやすい町に替えるという物語です。示唆に富んでいます。60歳からのお年寄りに現役として働いてもらえば、誠実で安価で質の高いマーケティングシステムができます。モスフードがそれを実践しています。適性を無視して大学進学を目指させる教育をやめて、小さい時から生き甲斐のある働き方を教えれ

談話室 1

モスバーガーサービス、三方よし

モスフードの東五反田店に入りました。フロントで接客しているのは60歳前後にみえる３人の女性。とてもテキパキしていて若いパートさんとのコンビもよさそうに見えました。私は売り出し中の“金のテリヤキ”を注文しました。帰りに「いかがでしたか?」と一言声をかけてくれたのも嬉しかった。この店の年配パートさんたちのことを誰言うとなく「モスじーばー」と呼ぶようになって久しいと聞きます。

モスフードは1972年、日本らしいバーガーショップを創りたいという思いで櫻田慧さんはじめ３人が体を張って立ちあげたチェーンです。マクドナルドと全く違うコンセプトです。主力商品はテリヤキバーガーで絶品の日本の味でした。コストを抑えるため地価の安い３等地を狙いました。美味しい味で食べてもらうため、お客さまに待っていただきました。ＦＶＣという仕組みを創り、共栄会という加盟店組織を創りました。すべてが借り物ではない日本らしさです。顧客満足度調査ではいつも上位に名前が挙がります。

パートさんの募集で年齢上限の制約を外したところ、60歳以上の女性、男性が応募してきました。POSレジ操作など訓練に少し時間がかかりましたが、憶えてからは素晴らしい接客サービスを始めました。人生経験を活かした会話や、若いパートさんの教育にまで力を発揮してくれるようです。店にとっても良い、働くシニアパートさんも安定収入があって良い、お客さまにとっても落ち着いたサービスが良い。まさに、“三方よし”です。これも理念を活かして日本らしさのバーガーショップづくりを貫いてきた成果の１つです。高齢化社会でのお手本の１つです。(記 三浦)

モスバーガー東五反田店
東京都品川区東五反田1-13-8
www.mos.co.jp/shop/

ば、若年失業者の問題も解決します。

車と住居は別のモノと考えずに、共に暮らしの場面だと考えれば新しい流通場面が生まれます。車も住宅も発電の場として役割を補完し合います。最低限の生活物資倉庫としての役割や情報の場としての役割を車が持ちます。カーディーラーは顧客を絞ったスーパーになります。今年のモーターショーの目玉は、高齢地域社会へのお役立ちを目指したコンパクトで維持コストの安い超小型車でした。

これまでのマーケティング常識を乗り越えて、新しい発想でマーケティングに取り組めば日本は強くなります。日本で新しい〝価値〟が実証された商品を輸出することも可能になります。

5　塾で学び合ったマーケティング

(1)　日本マーケティング塾という学びあいの場

1986年、バブル経済の真っ只中では、日本中が浮かれていました。多くの商売人が自分の力で金持ちになったような錯覚に陥っていました。

そのような時、「これでいいのか」と不安を共有する4人のマーケティング実務家が塾を立ち上げました。鳥居直隆先生、水口健次先生、大歳良充先生、三浦功の4人です。ホンネでマーケティングを考え合おう、全人格交流の学び合いの場を創ろう、とそれぞれの得手を提げて一緒しました。

マーケティングとは、消費者が持つ不満や欲求を知りその解決策を考え出して実践してこれまでになかった需要を創り出す〝お役立ち〟の競争です。ともすれば潜在化しがちな需要を開発提案して経済全体を活性化する役割を持ちます。お役立ち競争には無限の可能性があります。このお役立ち競争に勝った者が利益を得ます。

塾では、このお役立ち競争を実例発表や実例演習を舞台にして学び合いました。これまで28年間に700人以上のマーケッターが塾で学び合い、それぞれいい仕事をしています。液状化を乗り越える、これからのマーケティングづくりの踏み台として役立てていただければと思って、塾での経験と思いを紹介します。

■ 理念と目的と目標

戦略とか戦術という言葉は戦いの仕方のことです。戦うためには大義が必要です。「何のために戦うのか」という哲学的な命題です。マーケティングではそれを理念と言います。マーケティングを志す企業の多くは、消費者生活者のためのお役立ちにかかわる言葉を理念にします。品質第一、安全第一、社会貢献など言葉はまちまちですが、消費者生活者へのお役立ちという点で共通しています。問題は絵に書いた餅にならないことです。

理念、目的、目標が明確でなければ、力は分散します。組織の場合は部門部門が勝手に動き始めます。個人の場合は無理をして身体を壊します。この理念と目的、目標の明確化が難しいのです。これが決まれば、戦いには勝ったも同然です。目的・目標を明確にした後やらねばならないのは仮説実証の行動です。これをＰＤＣＡサイクルと言います。

■自分を知り敵を知る

洋の東西を問わず戦いに勝つ要諦は、自分を知り敵を知ることだと言われます。マーケティングでも同じです。まずやらねばならないのは自分の「生まれと育ち」を直視することです。ドメインの直視と言います。自分の生まれと育ちを軽視して戦えば必ず負けます。その上で、自分の強さと弱さ、そして敵の強さ弱さを冷静に見て戦わねば勝ちは掴めません。この冷静に自分と敵を知る手法を「ＳＷＯＴ分析」と呼びます。塾では自分の強い部分をより強くせよと言いました。

■長期・革新・集中・統合

戦略展開には、長期、革新、集中、統合という行動が不可欠です。長期とは長期的視点で冷静に競争を捉《とら》えることです。革新とは日進月歩で進化する技術を目的に向けて使いこなすことです。集中とは使える経営資源を分散させずに集中的に使うことです。経営資源とはヒト、モノ、カネ、時間、情報、技術などのことを言います。この経営資源を日頃から磨き上げておき、ここぞという場に集中して使う経営者が名将といわれる経営者です。統合とは、前述の経営資源を目標達成のために最高の組み合わせで使うことです。大小の差はあってもこの長期、革新、集中、統合を誤ると必ず失敗します。

■ 戦場を選ぶ

戦いに勝つには、自分のペースで戦場を選ばねばなりません。マーケティングで戦場をマイペースに選ぶということはどんなことでしょうか。

・マーケットコンセプト

自社のドメインに照らして、どんなマーケットコンセプトのもとに戦うかを明確にするのです。マーケットコンセプトとはモノのことを言うのではなく、生活者が持つ心の空間のことを言います。健康とか趣味とか癒《いや》しといったとらえ方がそうです。そこにはモノを超えた競争があります。創造余地が広がっています。塾では、マーケットをモノの集合体としてしか考えられない人はマーケティング失格として扱います。

・マーケットポジション

競争をするには、市場での自分のポジションを明確化することが大切です。マーケティングにおけるポジションは、リーダー、チャレンジャー、フォロアー、ニッチャーという区分で考えます。それぞれ戦い方が違います。成熟市場の日本、狭い日本、心を大切にする日本では、このニッチャー・ポジションでのマーケティングから学ぶべきところが数多くあります。

■ターゲット・絞り込み

マーケティングの金言は絞り込みです。これだけ生活が豊かになってくるとほとんどの新製品や新サービスは早期に同質化します。同質化すれば必ず価格競争になります。あの最高の技術集積〝デジタルカラーテレビ〟が同質化の結果、40インチで4万円以下。合わなくて市場から撤退といった姿が無残です。

そうならないようにするには、お客さまを画一的に捉えるのではなく、絞り込んで捉えることが大切です。提案の仕方は総合化ではなく専門化が有効です。お客さまの心を掴む専門化をどう見つけるかです。ディスクユニオンという企業は、昔のLP盤レコードで心温まる音楽を聴きたいという心への専門化を狙いました。私の部屋という企業は自分らしい部屋を創り上げたいと思う人に具体提案をしています。

お客様一人ひとりに近づけば近づくほどお客さまの心が見えてきます。解決策にもリアリティが高まってきます。この迫り方をターゲティングと言います。しかし、絞り込めば絞り込むほど提供ロットが小さくなりますから、コストが高まります。提案する質が高まっても価格が高すぎれば、お客さまにとっての価値は下がります。買ってはいただけません。この矛盾をどう解決するかです。高くても買っていただけるだけの商品魅力を出すのが正当なやり方ですが、成長するネット技術の活用なども解決策の一つです。その融合が正解です。

(2) 心と姿勢

■ 波濤《とう》に立つ

塾では学び合う仲間が全人格的に時空を過ごすことを大切にしました。塾生の一人が言い出した言葉に「波濤に立つ」という言葉があります。マーケティングとは、生活者の幸せづくりのために絶えず新しい課題に挑戦することです。挑戦は誰かを頼っていてはできません。率先して自分から始めなければなりません。これを〝波濤に立つ〟と表現しました。先が見えない今の時代こそ、この言葉が大切だと実感します。

■ すべてのコスト負担者は消費者なのだ

それが消費財でなく業務商品であっても、平和経済にあっては、すべてのコストは商品を買ってくださる消費者が負担しているのです。それだけに消費者は偉いのです。マーケティングをやっているとさまざまな困難に出会います。解決策に迷います。塾では「困った時には消費者に聞け、解決策は消費者だけが持っている」と言い合います。その言葉に「解決力は自分にしかない、社内にしかない」という言葉が続きます。塾では「消費者に負けるな」という言葉も使います

■まず現場を見ること

塾では、現地現場の力を最も大切にします。難しい事件に取り組む刑事のようなものです。マーケティングの現地現場とは生活者の生活場面です。どんな家族が、どんな時に、どんな夕食の仕方をしているか、を見ることです。ドラッグストアの店頭とスーパーマーケットの日用品売り場では、整髪料の提案の仕方がどう違うかを見ることです。

この現場に巨大なイノベーションが来ています。インターネットです。最近のお客さまは買いに来店する前から、ネットでそれぞれのブランドの特徴や価格を調べてくる人が多くなっています。ネットで得られる情報を超えた情報を店頭で発信しなければ消費者に負けます。その時に役立つのはモノを超えた提案です。「今晩は関西風のすき焼きにしてみませんか、そのためにはこの調味料をこう使うのがコツです」という提案をすることです。ここまではネットも追い切れません。この提案マーケティングを塾では「コト・コーディネート」と呼んでいます。コト・コーディネートを具体化するには流通業とのコラボが必

要になります。塾ではこの関係をコラボレイティブ・マーケティングと呼んでいます。

6　数々の塾訓

塾は、異業種・異分野の企業から派遣された意欲のある仲間たちが、会社の中では言いにくいことが言い合える場です。そのなかから数々の塾訓が生まれました。私が拾い出した20の塾訓を紹介します。踏み台にしてください。

■らしさ

似合わないことをやってもうまくいかないのが普通です。〝らしさ〟が大切です。〝らしさ〟とは、他が持たない自分なりの良い特徴のことを言います。個人も地域も国も、それぞれ〝らしさ〟を持っています。この〝らしさ〟を外れたマーケティングをやればその多くは失敗します。日本には〝日本らしさ〟がありますから、アメリカ直訳をやっても長く続くはずがないのです。

■売れない商品は売れない

消費者は買いたい商品を一目で見抜きます。どんな人にどんな価値を提案しているのかがはっきりしていない商品は、どんなにカッコ良くても売れません。安売りしても売れません。安心安全に心配を持たれる商品や責任の所在がはっきりしていない商品は売れません。価格が高すぎれば売れません。この当たり前のことをしっかりやらなければ、どんなに頑張っても売れません。

■価格を決めろ、価格を守れ

消費者は無責任を嫌います。価格は責任の象徴です。価格は商品情報の王様です。価格をメーカーが決めるのは邪道という人もいますが、責任ある商品に責任ある価格をつけるのは当然のことです。価格は需給の競争関係で決まるのが正しいのですから、強い商品を作って責任が持てるチャネルを使い、現場が見えるマーケティングをやれば価格は守れます。安心して買うことができれば消費者にとってもプラスです。

■やって見せて初めてマーケティング

どんなにキレイごとを言っても、実践がなければマーケティングではありません。「これまでの価格の半値で、これまでに比べて2倍の着心地を持つ肌着を作る」とぶち上げても、実際に作って見せ、売って見せねばマーケティングとは言えません。マーケティングにはいつも展開可能性という課題がついて回ります。

■顧客満足と迎合とは違う

マーケティングで大切なのは〝ぶれない心〟です。顧客満足と迎合《げいごう》はまったく違います。

お客さまに受けそうなＣＭを使い、一時的に話題のマーケティングをやってみせても、僅かな内部事情や小さな市場変化から長続きしないケースがよく見られます。少々の内部事情や市場変化で約束を違《たが》えるようなやり方は迎合です。

■固有名詞のマーケティング

「皆さん」という呼びかけにふり向いてくれる人はほとんどいません。三浦さん、と呼びかけられれば私は必ず目を向けます。フェイスブックやツイッターなどはこのマーケティング革新です。「文庫本の小さな活字に悩んでいる方」といった個人事情に向かっての呼びかけ方をしなければ消費者は関心を持ってくれません。固有名詞型の呼びかけと固有事情型の解決策を提案しない限り、これからのマーケティングはうまくいきません。

■現場と事実からのスタート

マーケティングは現場と事実から始まります。塾では戦略立案を、次のステップで展開するように学びます。事実の分析、チャンスの発見、重点課題の抽出、戦略の構築、実行可能性の５つのステップです。目的の明確化から始まり、ウソをつかない現場事実をしっかり掴むことから始めなければ、どんなマーケティングをやればいいかが定まりません。

■価値は品質と価格の割り算

これからは単にモノ単品を売るのではなく、価値を売らねば売れません。価値を売るといってもどうすればいいのでしょうか。価値とは何か、塾では学び合いました。価値とは、品質と価格の割り算です。これまで１００円で売っていた商品の価格を80円にして品質を落とさなければ価値は25％上昇します。価格を引き下げる努力、品質をアップさせる努力は並大抵ではありません。しかし、この矛盾の壁の前で立ち止まっていては成長はありません。もちろん、品質の中にはモノ以外のサービスの質も含まれます。

■カタコト・ソリューション

消費者は神様です。しかし、この神様がすべてのことを知っているわけではありません。消費者が特に知らないのはモノの知識ではなく、モノの「使い方や使う場面」についての知識です。使う場面が「コト」です。お祝いごとなどがその例です。使い方は「カタ」です。美味しい魚の食べ方などです。塾ではこれをカタコトと言います。消費者が知らない食べカタや知らない食べゴトを提案することによってこれまでになかった消費が生まれ、売り上げが生まれます。

■ビフォーサービスとアフターサービス

買ってくださる前に行うサービスがビフォーサービスです。テレビ広告や店頭でのＰＯＰなどがそれに当たります。アフターサービスとは、買っていただいたお客さまへのサービスです。これからはこのアフターサービスが大切になります。新車を買って下さった顧客に、より快適なカーライフを楽しんでいただくアフターサービスを徹底すればリピートにつながる割合も高まります。他の方々へのお勧めもしてくださるでしょう。

■ 1%事実の大切さ

特にリサーチ分析の場面で重要になります。新しい調味料開発の場面としましょう。リサーチの結果、60%の人が「もう少し薄いほうがいい」と言い、30%の人が「もう少し濃いほうがいい」と言ったとします。残りの少数派の中に、「もっとほろ苦い調味料が欲しかった」というつぶやきをした人が1%いたとします。大方の場合は大きな数字を大切にします。しかし、その大きな数字をもとに作った商品はこれまでの商品とあまり変わらない商品になるのが普通です。大胆に1%の声「もっとほろ苦いのが欲しい」という声を大切にして商品を提案したほうが消費者は感動します。感動が成功につながります。

■ 人口統計は嘘つかない

市場を語る統計にはさまざまなものがあります。人間が需要を創るのですから一番信頼できるのは人口統計です。日本は人口統計が最も進んでいる国の1つです。今の人口が10年後にはどうなっているのか、高い精度で予測ができます。地域別にも詳しく算出できます。この人口統計をベースに市場の仮説を作り、地域を選んで実証実験をやれば、精度の高いマーケティングが可能です。

■全体・平均・みんな

これもリサーチに関連した塾訓です。人口統計や小売売上統計などを分析して、「日本人の１人平均コメ消費量とこれからの食需要」などというレポートを見ることがあります。官のレポートならそれもありでしょう。しかし、民のマーケティングレポートでは許されません。コメの消費と一言でいっても地域差があります。内食・中食・外食の差がありま す。平均という市場はないのです。全体という数字もマーケティング的ではありません。

■矛盾の前で立ちすくむな

先に、「価格を下げろ、品質を上げろ、そうすれば価値が上がる」と言いました。「分かってはいるが不可能だよ」と言いたくなります。矛盾の壁の前で立ちすくんでいるからです。一見、乗り越えられそうにない壁も工夫と努力の結果、乗り越えられるものです。違う製法がないか、違う販路ではどうか、いろいろ着眼点があります。ヒット商品の背景を見ると例外なくこの矛盾の乗り越えを経験しています。

■社長の声と買いもの接点の声

いい実績を持つマーケティングコンサルタントは共通して次のように言います。「成功する会社と駄目になる会社を見分けるのは簡単だ、成功する会社は社長の声と買いもの接点の声が一致している」と言います。トップの考えがお客様にきちんと届く体質になっているか、届く仕組みになっているか、ということです。営業接点でのやり取りを見ていてもすぐ分かると言います。このズレをきちんと少なくすれば必ず良くなるといいます。

■自覚の少ない消費者

消費者はすべてのコストの負担者であり、買うかどうかの拒否権を持っています。そうだとしても消費者が何でも知っているとは限りません。主婦の多くは、店内に入って特売セールや実演サービスを見ながら商品を決めています。これはインストア・デシジョンと呼ばれます。この買いもの決定をお客様の立場に立ってお手伝いするのがマーケティングです。リアルショップだけではなくネットショッピングでも同じことが言えます。

■直に触れる、直に話す

〝じか〟という言葉は大切です。何かトラブルがあった時、その解決を人に任すとか、電話で済ますとか、メールでやっておく、といったやり方を取った場合、多くは禍根《かこん》を残します。〝じか〟に会って話すことが最大の解決策です。マーケティングでも同じです。お客さまに価値を伝えようとすれば、知識と立場を持った人が、お客さまとダイレクトに話さねばなりません。しかし、それではコストが合いません。信頼関係を共有する会員制の採用なども解決策の1つです。社長がテレビ画面に〝じか〟に出て公約提案するマーケティングなどは、効果とコストの矛盾を解決している好例です。

■ブランドは価値の保証書

消費者は同じ品質と価格の商品なら、多くの場合〝ブランド〟の付いた商品を選びます。ブランドという「保証書」が持つ信頼の価値を買っているのです。それをブランドロイヤルティと言います。ブランドがない商品は、保証書のない商品ですから、消費者はあまり信頼しません。これらの商品のことをコモディティと言います。ブランド展開をする力がない供給者、たとえば農家や小零細メーカーは、この保証書の役割を小売店など買いもの接点に求めます。お店が消費者に提供する信頼をストアロイヤルティと言います。この両者を統合して価値を発揮しているのが、ユニクロに代表されるＳＰＡと呼ばれる製造専門店です。

■販売チャネルと価値づくりチャネル

マーケティングチャネルは「販路」と呼ばれるのが通常です。販売経路の略です。売りたいという人と買いたいという人の出会いの場です。その典型的な場が魚市場とか青果市場です。そこでは「せり」というオープンな競争が行われて、高い価格をつけた人に所有権が移っていきます。このオープンな取引関係をクローズにしたものがマーケティングチャネルです。そこではその商品を使っての使い方や楽しみ方など知恵と工夫が売り買いされます。価値伝達という役割がチャネルの役割です。今では、この価値伝達という役割を超えて、価値創造の役割がチャネルに求められています。

■ 形容例での指示

来期目標の数字を示すだけで、どうやって売るかという方向づけができない営業部長は失格です。「これからは形容詞で指示するだけではなく形容例で具体的に語れ」と塾では学び合いました。あの薬メーカーは今年の風邪薬を店頭テレビで見せながら売っているが、うちでも今年の料理を店頭テレビで見せながら売ったらどうか、などです。マーケティングではベンチマークという言葉をよく使います。いつも動きをチェックしている〝お手本〟のことです。このお手本の動きを形容例として語れば、営業マンは目を開きます。

教訓のいろいろ

1　らしさ
2　売れない商品は売れない
3　価格を決めろ、価格を守れ
4　やって見せて初めてマーケティング
5　顧客満足と迎合は違う
6　固有名詞のマーケティング
7　現場と事実からのスタート
8　価値は品質と価格の割り算
9　カタコト・ソリューション
10　ビフォーサービスとアフターサービス
11　1％事実の大切さ
12　人口統計は嘘つかない
13　全体・平均・みんな
14　矛盾の前で立ちすくむな
15　社長の声と買いもの接点の声
16　自覚の少ない消費者
17　直に触れる、直に話す
18　ブランドは価値の保証書
19　販売チャネルと価値づくりチャネル
20　形容例での指示

7　脚下照顧《きゃっかしょうこ》と和魂洋才《わこんようさい》

日本は超災害の後、超円高の嵐に襲われています。輸出立国にとっては大きな痛手です。日本経済のためには内需を再生せねばなりません。その内需をテコに新しく輸出力を高めなければなりません。内需創造にはマーケティングが頼りです。日本らしいマーケティングを見直すことが有効です。そこには大きな機会があります。古い言葉ですが、脚下照顧と和魂洋才という言葉があります。まず足元を固めろ、進んだ西洋に学びながら日本と日本人の魂を大事にせよ、ぶれるな、といった意味です。

⑴　見直しから始める

新しいことをやるには、徹底的な〝見直し〟から始めねばなりません。〝裁き〟をせねばならない場面もあります。日本と日本人はこの〝見直し〟を苦手にします。責任者を追及して、責任を取らせることが苦手なのです。今回の原発事故においても、過去にさかのぼって裁きを行い、国民に明らかにしなければ次の時代は開きません。マーケティングにも見直しが必要です。日本らしいマーケティングをどう実践してきたのか、生活者起点

談話室 2

ベトナムでの日本米づくり

日本のコメ自由化もギリギリのところです。守りだけでなく打って出る国際化も必要です。わが社では1991年にベトナムでコメづくりを始めました。今では日本米が年に4,000トン、長粒種香り米が15,000トン、アジアやアメリカに輸出するまでになりました。

ベトナムでの日本米の評価は当初かんばしいものではありませんでしたが、ホーチミン市の日本料理店などの協力や、日本の優れた農業技術のお陰で素晴らしい味に育ってきました。日本でのコメ農家との契約関係なども勉強になりました。年３回生産可能な気候も有利です。

日本のコメ品質は最高ですがコスト高はどうしようもありません。少々、耕作面積を大きくしてもコスト面の根本解決は無理です。解決策は圧倒的な質での勝負です。国内はもとより海外でも「高くても日本のコメを買いたい」と言っていただくマーケティングが必要です。同時にベトナムでのコメづくりを活かして「ベトナムの日本米は美味しくて割安」というブランド評価になってもらえば最高です。

ベトナムの料理と結びつけて新しい「ベトナム日本米の食べ方」などが世界に通用するようになって欲しいと夢を描いています。その実績が日本農業の元気づけになってくれると期待しています。

木徳神糧㈱取締役社長　木村　良
〒132-0015　東京都江戸川区西端江２-14-６
www.kitoku-shinryo.co.jp/

マーケティングをどう捉えてきたのか、地域零細企業のマーケティングを発信できたのか、リアルとバーチャルの融合マーケティングをどうやって来たのか、課題はたくさんあります。このような課題を真摯に拾いだして課題解決の具体策を考え抜かねばなりません。

(2)　ライフラインとライフスタイル

これまではマクロ数字をもとにして市場が一律に扱われてきました。乗用車市場とか化粧品市場とかビール市場とかの括りで、伸びたとか縮んだとか言ってきました。しかし、それではマーケティングは語れません。

少なくとも、ライフライン市場とライフスタイル市場ぐらいには分けて数字を扱う必要があります。ライフライン市場とは生活必需品の市場のことです。生存欲求の市場です。普段の食品や日用雑貨や日用衣料などが典型です。この市場では量と価格と物流が主役になります。価格競争になりがちです。ライフスタイル市場は自分の生活を自分らしく過ごしたいと思う心が求める市場です。自己実現欲求の市場です。この市場では品質とサービスと心が主役になります。価格競争を超えます。生活の木という企業は癒しというコンセプトで日用雑貨を括り直してハーブのマーケティングに成功しています。

このライフスタイル分野でのマーケティング成果が、ライフライン・マーケティングのリード役になるというケースがたくさんあります。癒しの商品が日用雑貨品の分野に入ってきて、新しいライフライン商品に育つということは珍しいことではありません。

これからのマーケティングは、ライフスタイル分野で日本らしい価値の生活を提案実証しその成果がライフライン分野につながり、ライフスタイル分野がさらに上の価値を創るというサイクルが進むと思います。このサイクルが新需要を生み出します。

(3) 自立の精神

日本と日本人はその優しい心を背景にして、長いものには巻かれろ型の行動を取りがちです。しかし、グローバリゼーションやネット革新の中で自立の精神が高まりつつあるように思います。無責任な政府に任せておくわけにはいかない、無責任な大企業トップに任せておくわけにはいかない、自分自身が動かねばならない、という心です。自立という言葉がキーワードです。東京一極集中体制への不満と不安が地域自立を強めています。本部支配による小売チェーンが、地域生活を取り込んだ店づくりに変わらざるを得なくなっています。これからは急速に進むインターネット技術を駆使して地域自立ネット流通が主役になるように思います。驕りや甘えを捨てて、「自分の責任は自分でとる」という自立の心を持ち直せば日本は強くなります。

談話室 3

イメージのコンシェルジュ・カメラのキタムラ

津波のあと、悲惨な瓦礫現場を歩く方々が家族のアルバムを見つけた感激のシーンは、多くの人々の瞼に焼きついたと思います。

約10年前、写真業界をデジタル革命が襲いました。これほど早くフィルムからデジタルへの転換が進むとは誰も思っていなかったほどの進化でした。これまでフィルムの現像とプリントで飯を食っていた写真店には壊滅的な打撃が来ました。街からDPE店が消えたのです。そのなかでキタムラは頑張りました。

2009年ＩＤＲのセミナーで北村会長は「まだ水筒に水があるうちにこのデジタル砂漠を渡りきれるか」と講演しました。多くのフィルム映像ビジネスが撤退するなか、キタムラはＭ＆Ａを含めて写真映像小売ビジネスを拡大しました。大きな賭けです。フィルム写真からデジタル写真へのビジネスモデルチェンジです。

キタムラはデジタル一眼カメラでのトップシェアになりました。ディスカウント一色の競争の中でデジタル一眼の使い方や楽しみ方を徹底提案しました。マリオというこども写真スタジオを提案しました。新しいDPEサービスをフォトブックという商品で展開しました。大切な写真のお預かりサービスや、古い写真や８ミリ映像をデジタル化するサービスもやっています。北村会長はキタムラを、イメージのコンシェルジュと自己規定しています。カメラ屋ではなく「写真のことならお任せください」というお客さま接点づくりです。これまでの価値を融合して街になくてはならないイメージショップにしたいという気迫を感じます。年に一度は家族が集まって絆を確認する記念写真を撮る場として、地域生活にとってかけがいのない存在になりつつあります。砂漠乗り越えもう一歩です。（記 三浦）

㈱キタムラ代表取締役会長 北村 正志
〒222-0033　神奈川県横浜市北区新横浜
２－４－１新横浜ビルWNビル７F
http//www.kitamura.co.jp

⑷　おかげさまの心

最大の課題は教育です。未来を見据えた教育が日本の将来を左右します。家庭での躾《しつけ》は教育の原点です。〝おかげさま〟という強い心を大事にして、人づくりをやり直すことからマーケティングは出直すのが早道です。新幹線という素晴らしい日本の作品の輸出も〝おかげさまの心〟が支えます。新幹線がホームに入ってくると、きちんとしたユニフォーム姿の女性チームが車内に入り、次の出発時間までにキレイに清掃してくれます。終わったあと「お待たせしました」と行列に頭を下げてごあいさつしてくれる、そのあと車内に入れる幸せが新幹線の価値だ、と話題にしたことがあります。

この日本らしさを輸出することができれば、日本の輸出力も持ち直すと思います。

参考資料

・ヴァンス・パッカード著、南　博・石川弘義訳『浪費をつくり出す人々』ダイヤモンド社　1961年
・西岸良平原作／山崎貴監督で映画化『ALWAYS三丁目の夕日』2005年
・林　周二著『流通革命』中公新書　1962年
・IDR&HAJ協働リサーチ「これからのライフスタイルと手づくりホビー」2011年5月実施　IDRのHP（www.idr.or.jp）を参照
・楡　周平著『プラチナタウン』祥伝社　2008年

第2章　もともとあった日本のマーケティング

1　石田梅岩とドラッカー

(1)　江戸商人の経営哲学に見る日本マーケティングの源流

西暦1603年（慶長8年）、徳川家康は征夷大将軍に任官し、江戸の地に幕府を開きました。260年にも及ぶ戦乱のない平和な時代の始まりです。当時の我が国の人口は、さまざまな説がありますが、少なく見積もっても1200万人程度と言われています。そして、明治の時代を迎える時には、およそ3200万人まで人口が増加しました。このことは、平和な世の中が続いたことだけが要因ではありません。人口の1割にも満たない、当時最も社会的な地位が低いとされた商人たちが、各地で作られ獲《え》られたモノを全国津々浦々に流通させることで、日本を豊かな社会に導いたことも大きな要因と言ってよいでしょう。

それでは、江戸時代の商人たちがどのような考えのもとで商売を行ってきたのか、その経営哲学を明らかにするために、当時活躍し成功を手にした商人たちの足跡を辿《たど》ってみたいと思います。

徳川幕府は海外貿易を促進するため、朱印状の交付による朱印船貿易を推奨しました。この事業にいち早く取り組んだ商人に角倉了以（1554～1614）という人物がいます。後にこの仕事は長男の角倉素庵に引き継がれます。素庵は朱印船の乗組員の規律を保持するために、「船中規約」なるものを定めました。素庵はこの規約の中で、「貿易とはお互いに無いものを交換することで、相互に喜べることである。そのため、相手方に損失を与えて自らのみ利益を得るものではない。」と説いています。商売は「共存共栄の精神」で成り立つことを船乗りたちに示し、経営の理念としたわけです。この「船中規約」は家康が江戸幕府を開いたころ制定されたものです。折しも今、わが国ではTPP（環太平洋戦略的経済連携協定）問題について議論が伯仲していますが、今から400年以上も前にこのような示唆に富む提言がされたことに驚きを禁じえません。

三井高利（1622～1692）は江戸の町に越後屋という呉服店を開業しました。あの三越の原点となる店です。これまでの呉服商が大名や武家をお客さまにしていたのに対し、高利は一般の町民をお客さまに据えました。お客さまである町民に商品を買い易《やす》くするために、高利はこれまで商売の主流であった「掛値、掛け売り」を止め、「現金、掛値なし」という新たな商売の仕組みを導入しました。この仕組みにすることで売値を安くできたため、お客さまから絶大な指示を受けました。また、反物を必要な分だけ買える〝切り売り〟やお客さまの好みに応じて仕立てる、今で言う〝イージーオーダー〟の仕組みも導入しました。高利が取り入れた従来の慣習にとらわれない、「お客さま志向」のビジネスモデルが町民という新たな「お客さまの創造」を実現したわけです。今日的に言う「マーケティングとイノベーション」の実践に他なりません。

三井高利の長男、高平は亡き父が残した遺書を編集し、『宋笠遺書』としてまとめあげました。これは三井家の家訓としてその後も脈々と受け継がれていきます。「経営者は奢《おご》りの心があってはならない。奢りは家業をおろそかにする」。つまり「マネジメントの自律」を家訓として残しました。

長崎の貿易商である西川如見（1648～1724）も同様に、自らが記した『商人《しょうにん》囊《ふくろ》』の中で、「奢りは万悪の基、足ることを知る」ことの大切さを説いています。また如見は「商売は、モノの良し悪しを適正に評価し、適正な価格で提供し、お客さまに満足していただく。利益はその結果である」としながら、「お客さまをだましたり、ごまかしたりする商売は一時的な利はあっても、必ず天の罰があたる」と説き、「お客さま満足と謙虚な経営姿勢」の重要性を主張しました。

また、大丸の創業者である下村彦右衛門正啓（1688〜1746）は、「義を先にして利を後にするものは栄えるとあるように、商人は正直で律義でなくてはならない。そのため目先の利を考えて、お客さまのためにならないものを売ってはいけない。また、従業員に対しても、誠実に接しなければいけない」。経営者の資質として「真面目さ、誠実さ」の重要性を説きました。

全国を股にかけた行商ビジネスで成功を収めた近江商人の経営思想「三方よし」（売り手よし、買い手よし、世間よし）の理念は、現在でも耳にするほどよく知られています。「神仏を忘れず、自分の利よりまず各地のお客さまの満足を優先すること。さらにその土地の人々すべてを大切に思うこと」。今日的に言う「CSR（企業の社会的責任）」の考え方と相通じるものがあります。

(2) 石田梅岩の商人道

石田梅岩（1685〜1744）は商人の道を石門心学という学問のステージまで高めた人物です。「商人が利益を得ることは、武士が禄を得ることと同じ」とし、商人のステータスの向上を目指しました。梅岩は商人にとって誰がお客さまかを定義しました。

「武士の主人は主君であるのに対し、商人の主人は天下の人々である」。つまり、商人のお客さまは一般の町人だと定義しました。そして「まことの商人は先も立ち、我も立つことを思うなり」と説き、お客さまとの共存共栄を図ることの大切さを主張しました。

また、「売り先を粗末にせず誠実に接すれば、売り先からの信頼が得られる」「私利私欲に走らず仁の心をもち勉《つと》めること」など、商人のあるべき心構えを説きました。

梅岩が残した書『都鄙問答《とひもんどう》』に次のような文章があります。

「倹約と云ふを世に誤って吝（しわき）ことと思ふは非なり」。これは商人に対し〝倹約〟の大事さを提言したものです。「私利私欲に基づく倹約は吝嗇《りんしょく》といい世間に害を与える。本当の倹約は正直に基づくもので私欲ではなく、人を助けるものである」と説いています。さらに、「倹約すると言っても、宝を惜しんではいけない。一族一門や他人が困っている時には救済の手を差し伸べるべきであり、宝には使いようがある」としています。

実例として、「下岡崎村にて大火災があったおり、被災者が食べ物がなく困っているだろうと考え、門人を集め、にぎり飯をつくり、梅岩自ら門人を伴って現場に駆けつけた」という逸話が残されています。まさにＣＳＲの実践です。

(3)「ドラッカーのマネジメント」が日本人にしっくりくるわけ

これまで江戸時代の商人たちの経営思想や理念について述べてきました。キーワードをまとめると次のようになります。「お客さまの創造」「お客さま満足」「マネジメントの自律、謙虚さ、真面目さ、誠実さ」「共存共栄の精神」「CSR」。

これらのキーワードを見渡すとき思い出されるある人物がいます。そうです。マネジメントの父と言われる、あのドラッカーです。ドラッカーの提言には江戸商人たちの思想と相通じるところが多くあります。いくつかの例を上げて説明していきましょう。

■ 企業の目的と使命

ドラッカーは、企業の目的の定義は1つしかない。それは、顧客を創造することであると断言しています。また、企業は顧客を創造するために、2つだけの基本的な機能を持つと言います。それがマーケティングとイノベーションであると主張しています。そして、顧客を満足させることこそ、企業の使命であり目的であるとも述べています。

先に述べた三井高利が創業した越後屋の事例は、町人という新たな顧客創造の実現に他なりません。越後屋は町人のニーズをマーケティングし、「現金掛値なし」や「反物の切り売り」「イージーオーダー」といったイノベーションの導入を通して、顧客の満足を獲得したわけです。

■マネジャーの資質とプロの倫理

ドラッカーは、マネジャーに必要で後天的に獲得できない資質として、〝真摯《しんし》さ〟を挙げています。（辞書では、真摯さとは「まじめでひたむきなさま」とあります）この真摯さがないと、「組織や人間を破壊し、組織の精神を損ない、業績を低下させる」と説いています。また、ドラッカーはプロフェッショナルの倫理として、「知りながら害をなすな」と述べ、企業は顧客に信頼される存在でなくてはならないことを説いています。

これらのドラッカーの提言は、江戸の商人たちが口を揃えたかのように語っていたマネジメントの自律、謙虚さ、真面目さ、誠実さと何ら相違はありません。

■利益の考え方と社会的責任

ドラッカーは、「利益とは未来の費用、事業を続けるための費用であり、企業存続の条件だ」と述べています。先ほど述べたように企業の目的は顧客の創造です。顧客は財やサービスに効用を認めて初めてお金を払います。それが企業の利益につながっていきます。そしてその利益はさらなる顧客の創造のために使われていくのです。ここで言う効用を顧客にとっての利益だとすれば、企業は顧客に利益を提供して初めて自らの利益を獲得できると考えられないでしょうか。つまり、企業と顧客との関係がＷｉｎ・Ｗｉｎの状態です。

この考え方は、江戸商人の共存共栄の精神と同じです。

また、ドラッカーはマネジメントの役割の1つとして、「自らの組織が社会に与える影響を処理するとともに、社会の問題の解決に貢献する役割がある」と述べています。これらは、近江商人の三方よしの思想とこれまた相通じるものがあります。

このようにドラッカーの提言のあちらこちらに、江戸商人の思想と同じ響きがあります。江戸商人の思想は、儒教や仏教、そして神道から大きな影響を受けています。現代に生きる私たちにとっても比較的受け入れやすく感じられるのではないでしょうか。そのため、私たち日本人はドラッカーのマネジメントに〝しっくり感〟を感じるのでしょう。

2 日本マーケティングのコンセプト、それは「共生」だった

(1) 士農工商が生んだ「商」の生きる道

江戸時代の身分制度として「士農工商」という言葉をよく耳にしますが、これには、実際はそのような制度は運用されていなかったなど、諸説があるようです。ただ一般的に言われていることは、武士を上位に置き、下位に百姓や職人、商人を置いたもので、百姓、

職人、商人の上下関係はなかったようです。ただし、武士を頂点とする社会秩序の正当化を示すために、山鹿素行などの学者たちから商人の賤《いや》しさを説く、商人批判が相次いだことも事実であり、支配層の武士と被支配層の商人という構図は歴然としていたようです。

このような社会環境のなかで商人たちが自らの営みの正当性を示すためには、商人は決して自らの利のみを追い求めるものではなく、お客さまや世の中のお役に立つ存在であり、武士に劣らず仁や義の精神を備えたものである必要があったのでしょう。

商人たちは儒学や仏教、神道を学びながら、商人の生きる道として、お客さまや世の中との「共生」を、商売のコンセプトに選択したものと思われます。

(2) 元禄バブルの崩壊で固まった、日本らしさの商人道

元禄の好景気から一気に不景気の時代に突入します。徳川吉宗は享保の改革を断行し、経済の引き締め政策をとります。当然のことながら商人たちも大きな影響を受けました。特に大名貸しと言われる、当時では安心と思われていた大名への金銭の貸し出しを行っていた商人たちの打撃は凄《すさ》まじいものだったようです。石田梅岩の『斉家論』によれば7割から8割の商家が没落したと記されています。

このような環境のなかで、商人たちは家業を長期的に継続させるためにはどうすればよ

いかについて真剣に考えることになります。その答えこそが、石田梅岩が説いた「まことの商人は先も立ち、我も立つことを思うなり」であり、自らを律しお客さまや社会との共存共栄を図ることだったのです。そして、そのためにはお客さまの満足を第一に考え、誠実さ、謙虚さ、真面目さをもって経営にあたることが不可欠だということを自覚したのです。つまり、日本マーケティングの源流となるコンセプトは「共生」だったのです。短期の利を求めるのではなく、長期的視点に立った経営思想です。この思想は江戸を越え近代にまで受け継がれていくことになります。

3　欧米に追い付け、追い越せ！「共生」の踏襲、そして崩壊

⑴　「論語と算盤《そろばん》」を実践した渋沢栄一

渋沢栄一（１８４０〜１９３１）は、日本初の株式会社の設立や、東京証券取引所、第一国立銀行、東京瓦斯など国民の生活を豊かにする社会的インフラ企業をはじめ、数百社にのぼる企業の設立に関与しました。このことから我が国資本主義の父とも呼ばれていま す。ドラッカーは渋沢栄一を、「マネジメントの社会的責任を論じた人たちの中で、彼の

談話室 4

社長の「真摯な姿勢」が企業風土を形づくる

「常に自己を律し誠実かつ正直に責任を果たす」という理念のもと、篠崎社長は2002年、ナビッピドットコム（株）を起業しました。大手ＡＶメーカーからのＭＢＯによる設立です。事業内容は、位置情報を活用した法人・個人向けＡＳＰサービスです。

大手ＡＶメーカーはこの事業からの撤退を決めましたが、「お客さまや、共にこの事業を進めてきた提携企業に迷惑をかけたくない」その一心から篠崎社長はＭＢＯを決断しました。サラリーマン生活との決別です。無神経な事業撤退が散見されるなか、社長の信念には頭が下がります。以後、10年にわたり１度も赤字を計上せず、無借金経営を継続させています。

社員の採用に対して篠崎社長が重視する点は、業務スキルや経験ではなく、経営理念に掲げる「誠実さ、正直さ、責任感」です。決して奢ることなく、常に真摯な態度で従業員やパートナーに接する篠崎社長の姿勢は、そのまま企業風土となっています。この風土のもと、「情報処理技術の進歩、応用、革新の場に挑戦的に参画し、いち早く新しい価値を創出することで社会に貢献する」という目的に向かって、篠崎社長のチャレンジはこれからも続きます。（記 青島）

ナビッピドットコム㈱
代表取締役社長　篠崎　登
〒108-0014　東京都港区芝5－30－9
http://www.navi-p.com

右に出るものを知らない」と称賛しています。

渋沢栄一は、「論語と算盤とは一致すべきものである」と主張しました。「論語」は孔子の教えであり、ものごとの道理であり、社会的な道徳と捉《とら》えます。一方、「算盤」は経済やビジネス、経営という意味です。また、「仁義を根本にして商工業を営めば、あえて争うがごとき事をせずとも、利は自ら懐にはいってくるものである」とし、利益の獲得を事業の目的とするのではなく、仁と義をもって経営すれば利益は結果としてついてくることを主張しました。これらの提言は、これまで述べてきた江戸の商人たちの「共生」にまつわる思想と、基盤に流れるものに違いはありません。

明治維新により江戸時代の身分制度は終焉し、四民平等となりました。しかし、これまでの「士」が「官」に変わったに過ぎず、民間の社会的地位は相変わらず低いものでした。渋沢栄一は、わが国の発展には商工業の興隆が不可欠であり、それを担う民間の地位向上を目指しました。そして、その実現のためには事業に携わる者の倫理観と品格の向上無くしてはあり得ないことを世に問うたものと思われます。

(2) 日本らしさの雇用システム「終身雇用・年功序列・企業内組合」

鎖国政策のなかでの封建体制から、開国、そして資本主義による殖産興業、富国強兵政策のもと、我が国の商工産業は発展の道を歩みます。しかし待ち構えていたのは幾度の戦争と敗戦という現実でした。

敗戦後の我が国は、朝鮮戦争による特需という想定外の事業機会もありましたが、欧米の技術革新を巧みに吸収するとともに、持ち前の勤勉さにより「安かろう悪かろう」から「安くても良いモノづくり」を実現し、世界が驚くほどの見事な経済成長を成し遂げました。

この高度成長を可能にした日本らしさの雇用システムとして、終身雇用、年功序列、企業内組合があります。このシステムは、従業員を短期的な目標達成のための労働力として捉えることなく、彼らに対し長期的視点で教育し、熟練した技能を身に付けさせました。従業員たちは長期にわたる雇用が保証されるため、企業に対する愛社精神や忠誠心を持つことになります。また、勤続年数の増加に伴い報酬が着実にアップするため、安定的かつ計画的な生活設計が可能になりました。このような雇用環境のなかで、上司に指示されたことだけを機械のようにこなしていく仕事のスタイルではなく、個人や職場単位での創意工夫が図られ、ＱＣ活動に代表される自主的な仕事の進め方が展開されました。この活動は製品品質を向上させるとともに、飛躍的な生産性の向上に貢献し、日本企業の国際的な競争力を高めました。

日本らしさの雇用システムは、経営と従業員との一体化・共同化を促し、驚異的な経済成長のエンジンとなりました。そしてついに、社会学者のエズラ・F・ヴォーゲル氏により、「ジャパン・アズ・ナンバーワン」と称されるに至ったのです。この日本らしさの雇用システムも、これまで述べてきた日本らしさのコンセプト「共生」に基づくものではないでしょうか。

(3) 失われた20年で加速した日本らしさの崩壊

１９８０年代、オイルショックを乗り越えた我が国経済は、引き続き成長の道を辿ります。地価と株価が急上昇します。企業は本業に見合わない土地や株を買いあさります。保有する土地の値上がりによる含み資産の増加はさらに株価を押し上げる格好となりました。日銀による公定歩合の引き上げや、当時の大蔵省の不動産融資の総量規制に端を発し、実態とかけ離れた土地の価格が急速に下落します。株価も3年間で3分の1にまで下落しました。バブルの崩壊です。これまで考えもしえなかった想定外のことが起きます。銀行や証券会社が破綻しました。多くの企業が本業を見失っていたことは否めません。「失われた20年」の始まりです。この20年、多くの日本らしさも失われて行きました。

■あたりまえ化したリストラ

ここで言うリストラは、本来の意味である「企業の構造改革」ではなく、昨今一般的に使われている「企業の人員整理」という意味のお話です。かつては大手企業が人員整理を実施すれば、新聞紙上や各マスコミで大きく扱われました。それほど珍しいことだったのです。現在はどうでしょうか。つい最近も、日本を代表する大手電機メーカーや精密機器メーカーが「数万人の人員削減を数年間で実施する」というニュースがありました。「企業の人員整理」は日常茶飯事化したと言ってもよいでしょう。かくいう私も３年前に、32年間勤務した電機メーカーを希望退職しました。

現在の日本の経営者たちに、経営の長期的視点がないとまでは言いません。しかし、短期的な経営目標の達成に重きが置かれ過ぎているのではないでしょうか。短期的な目標の達成なしには長期的な視点はあり得ないほど、企業のおかれている環境が厳しくなっていることもあるでしょう。ただし、そのことを割り引いたとしても、人員整理が安易に選択されることはあってはならないことです。「喉もと過ぎれば熱さ忘れる」的な経営判断は断じて避けるべきでしょう。日本らしさの雇用システムはこの20年で様変わりしました。同時に〝共生〟のコンセプトも影を薄くしていったのです。

■後を絶たない企業の不祥事

企業の不祥事は今に始まったことではありません。多かれ少なかれ昔からあったものです。企業の不祥事が世界的に大問題となった事件がありました。米国企業のエンロン社の事件です。巨額の不正経理が明るみとなり、同社は2001年、経営破綻しました。この頃より世界的にCSRの重要性が問われ始めました。

わが国でもここ10年間、企業の不祥事は後を絶ちません。2000年にとんでもない事件が起きました。大手食品メーカーが起こした集団食中毒事件です。1万人を超える被害者を出す前代未聞の事件となりました。ずさんな品質管理体制とブランドの奢りが引き起こした不祥事でした。その後も、食品関連では偽装表示や賞味期限の改ざん、期限切れ材料の使用など、またかというほど不祥事が続きました。耐久消費財では自動車のリコール隠し、ファンヒーターや湯沸かし器の欠陥事故が起きました。また、建築の耐震強度偽装事件もありました。粉飾決算やインサイダー取引事件も数多く発生し、マスコミは著名人の逮捕、裁判、有罪を大きく取り上げました。つい最近も、創業家の元会長が子会社から巨額の借り入れが返済されず、使途が不明、という報道がありました。このように企業の不祥事は枚挙にいとまがありません。もう、うんざりといった感じです。

日本らしさの「マネジメントの自律、謙虚さ、真面目さ、誠実さ」は一体どこに行ってしまったのでしょう。ドラッカーが提言したマネジメントの「真摯《しんし》さ」、プロフェッショナルの倫理「知りながら害をなすな」というメッセージがむなしく響きます。

■ 掛け声だけのお客さま志向

日本には〝おもてなし〟という文化があります。「茶は服のよきように点《た》て、炭は湯の沸くように置き、冬は暖かに夏は涼しく、花は野の花のように生け、刻限は早めに、降らずとも雨の用意、相客に心せよ」千利休は茶の湯の基本的な心得として、このような七則を示しました。これらは〝しつらえ〟〝よそおい〟〝ふるまい〟からなる、お客さまに対するもてなしの心を説いたものです。「リッツ・カールトン・ホテルはお客様への心のこもったおもてなしと快適さを提供することを最も大切な使命と心得ています」で始まる〝クレド〟はよく知られるところですが、わが国には何百年も前からおもてなしの文化があったのです。そしてその心は脈々と受け継がれてきました。したがって、日本人にとって「お客さま志向」というコンセプトは無理なく受け入れやすいものなのです。

江戸の商人たちもまさにこのお客さま志向を実践しました。現在でも多くの企業の経営理念や社是に、「お客さま満足」「お客さま第一」といった文字が掲げられているのもごく自然なことと言えるでしょう。

しかしながら昨今の状況を見るに、このお客さま志向が掛け声だけになっているように

談話室 5

目指すは「サービス向上」と「コストダウン」の両立

飲食店でテーブルに置かれたタッチパネルをよく見かけます。料理や飲み物を注文する際に使用する端末です。その都度店員さんに声をかけなくても、必要な時に気兼ねなく注文ができます。当社は、このセルフオーダーシステム市場でトップシェアを獲得しているＩＴベンチャー企業です。最近では回転寿司店や焼き肉店などでも急速に普及が進んでいます。（当社の商品名はe-menu）小林社長は、ダイエーで新規事業開発に携わっていましたが、2001年当社を起業されました。

社長の創業時からの夢は、サービス業界において従来トレードオフの関係と考えられていた「サービス向上」と「コストダウン」を両立させるＩＴシステムの提供でした。つまり「おもてなしサービス」と「効率サービス」の融合です。現在、セルフオーダーシステムは、主に人件費の削減によるコストダウン面にスポットライトが当てられていますが、社長の目指すところは、お店を利用するお客さまに対して「その場面で、その時間に最も必要な情報を快適に提供すること」なのです。お客さまへの「おもてなし」をどのような仕組みで実現していくのか、小林社長のチャレンジはこれからも続きます。（記 青島）

アスカティースリー㈱
代表取締役社長　小林俊雄
〒101-0052
東京都千代田区神田小川町１－６－１
ＵＲＬ：http://www.aska-t3.co.jp

思えてなりません。絵に描いた餅ということです。先に述べた不祥事を起こした企業もその一例でしょう。経営の短期的な数値目標達成のみにとらわれ、他社との競争やシェア・アップが優先され、本来の〝お客さま志向〟が忘れられてしまう。このような状況は、市場の成熟化、デフレ経済、グローバルな競争激化、株主重視といった企業経営を取り巻く外部環境の変化が大きく影響していることも事実ですが、かつて、「お客さま志向の魂」といったものを率先して創りあげてきた創業経営者が減少していることも、一要因かもしれません。

4　3・11で甦《よみがえ》った日本らしさのDNA

(1)　世界が驚いた日本人の「真摯さ」

2011年3月11日、東日本をマグニチュード9の巨大地震が襲いました。地震による大津波はあまりに多くの人たちの命を奪いました。福島では原発事故が発生し、住民たちは他地域への避難を余儀なくされました。すべてが想定外の出来事でした。この未曽有《みぞう》の大災害に立ち向かう日本人の姿に対し、世界のメディアが驚きと称賛をもって報じました。

震災から数日後、アメリカの駐日大使は記者会見で、「日本国民は礼節さを保って互いに助け合っている」と述べています。また、米国新聞紙上では「日本人の非の打ちどころのないマナーは、全く損なわれていない」と報じました。日本に対し厳しい論調が多い中国メディアも、「日本人はなぜこんなに冷静なのか」「日本人の冷静さが世界に感心を与えている」と報じ、民衆もインターネットをとおして、「中国は50年後でも実現できない」「われわれも学ぶべきだ」。中国人研修生を避難させた後、津波にのまれた日本人会社役員の行動に対し、「感動した。日本人への見方が変わった」という書き込みが相次いだようです。

避難所で争うことなく秩序正しく並んで配給物資を受け取る姿、弱者に気を配り譲り合う姿、他国では当たり前に多発する略奪や犯罪が少なかったことなど、世界の国々から日本人の〝真摯さ〟や〝社会性〟に対して、驚きと称賛の声があがりました。とは言うものの実際には、被災したコンビニのATMから現金が盗まれ、無人の店舗から食料品や貴金属を奪う事件も起きてしまいました。このような状況のなかで「なんて卑怯《ひきょう》な奴だ」「日本人として恥ずかしい」という多くの声が聞かれました。これらの声も日本人の真摯さを裏付けるものかもしれません。

「津波がきます。高台に避難してください」と呼びかけ続けた防災放送担当の女性職員が津波の犠牲となりました。避難して助かった住民たちからは、「あの放送でたくさんの人が助かった。町民のために責任を全《まっと》うした」という言葉が寄せられました。今回の震災では、地域住民の生活を守る仕事に従事されていた数多くの方々が、自らの職務を果たすために大切な命を落としました。任された職務に対するひたむきさ、誠実さに敬意を表するとともに、彼ら、彼女らの命を奪った自然の脅威に対する人間の無力さを感じざるを得ません。

(2)　被災地支援で再確認された日本人の共生意識

今回の大震災が発生するやいなや、さまざまな被災地支援が展開されました。国や自治体はもとより、民間企業をはじめ各種団体、NPO、芸能・スポーツ関係、個人ボランティアに至るまで、支援の輪は日本中を駆け巡りました。震災の翌日には大量のミネラルウォーターのペットボトルを被災地に向け送り出した飲料メーカー、ラジオや懐中電灯、電池といった避難生活の必需品を提供した電機メーカー、カップ麺やスープをいち早く送った食品メーカーなど、企業の支援の素早さには驚かされました。高額な義援金を個人資産から拠出した企業トップも現れました。獲得賞金の全額寄付を表明したプロゴルファー、トラックを仕立てて被災地に向かい炊き出しを行った芸能プロダクション、週末になると被災地に出向き医療診療を行った医師、自らの家を津波で流されたにもかかわらず避難所でボランティア活動をする被災者など、支援の額や形はさまざまですが、日本中が助け合いの精神で満ち溢れたといっても過言ではないでしょう。失われ始めていた日本人の共生意識が一気に取り戻された感があります。誤解のないよう述べておきますが、ここで言う共生意識とは共産主義や社会主義を提唱するものではありません。人間は一人で生きているのではない、人と人との関わりあいで生きている。したがって、自分の利益のみ追求するのではなく、他にも利益があって初めて自らも利益が得られる。先に述べた石田梅岩が説いた「まことの商人は先も立ち、我も立つことを思うなり」の精神なのです。

5　日本を再び元気にする「これからの日本らしさマーケティング」

(1)「モノからコトへ」は本当か？

マーケティングの世界で「モノからコトへ」が叫ばれ始めてからずいぶん時間が過ぎました。人々は必要なモノをすでに手に入れたため、多くの市場が成熟期を迎えモノ余りの状態になってしまいました。このためモノを売るのではなく、楽しさや便利さなどのコトを売りましょう、というメッセージでした。私は常々、この「モノからコトへ」というキーワードは、実態からかけ離れていると感じていました。実態は、「モノ＋コトの進化」だと考えていました。市場が未成熟で普及過程にあっても、モノには必ずコトがくっついていました。むしろコトが最初にあったと言ってもよいでしょう。コトが顧客の欲求や効用そのもので、モノはそのコトを実現するための手段という考え方です。しかしながら新たなモノの登場はあまりにインパクトが大きかったため、モノありき、モノ重視のイメージが定着したものと思われます。市場の成熟化によって、顧客にとっての価値の重心がモノ自体よりコトよりに移行しただけなのです。ＩＣＴ（インフォメーション・コミュニケーション・テクノロジー）の進化に伴い、モノがサイバー空間やネット空間に代用され一部不要となるケースも出てきましたが、モノはコトとくっついて歴然として存在するのです。

私は長年オーディオの業界で仕事をしていました。「モノ＋コトの進化」についてオーディオの歴史を振り返りながら、より具体的に述べていきたいと思います。

(2)　モノ＋コトの進化

オーディオの歴史は１８７７年のエジソンによる円筒式蓄音機の発明に端を発します。

それまで人々が音楽を楽しむためには、演奏者が演奏する現場に居合わせなくてはなりませんでした。つまりライブでしか音楽を楽しむことができなかったのです。蓄音機の発明は人々にとって音楽をより身近なものへと導いたのです。モノとコトの融合です。

その後、ステレオ化の技術、レコーディングと再生プレーヤー技術、音信号を増幅するアンプ技術、ラジオを受信するチューナー技術、スピーカーのＨｉＦｉ化技術など、オーディオ技術は目覚ましい進化を遂げました。と言っても当時のオーディオ機器は高価なもので、一般庶民の手の届く存在ではありませんでした。

昭和30年代の初頭、アンサンブルステレオと呼ばれる、アンプ、チューナー、レコードプレーヤー、スピーカーを一体化した商品が登場します。そしてスピーカーを独立させたセパレートステレオの時代へと移行していきます。この頃よりオーディオ機器は一般庶民の手の届く存在となり、居間に置く一家に1台のステレオとして急速な普及を果たしました。当時は確かにステレオ機器を所有することに対するステータス感がありました。コトよりモノに価値の重点があった時代です。

カセットテープという新たなメディアの登場は、スピーカーのみならずセンターボックスに収納されていたアンプ、チューナー、レコードプレーヤーをも独立させたシステムコンポというカテゴリーの普及を促進しました。そして、さらなるオーディオ技術の進化は、オーディオ機器の小型化を実現し、リビングのオーディオから個室のオーディオへとその効用を広げて行ったのです。モノとコトの価値がイーブンであった時代です。

１９７９年、ソニーから「ウォークマン」が発売されました。音楽を身に付けて街を歩けるようになったのです。時を同じくしてクルマの中でＨｉＦｉ音楽が楽しめるカーオーディオ機器が本格的に普及します。また１９８１年、パイオニアからレーザーディスク（ＬＤ）プレーヤーが発売されました。映画や音楽を主なコンテンツとしていたＬＤはその後、絵の出るカラオケとして大ヒットしました。受け身の音楽からアクティブな音楽の楽しみ方を生み出し、現在のカラオケのルーツとなりました。

オーディオ機器は、この頃よりコトの価値がモノの価値を上回り始めたと言ってよいでしょう。顧客がカラオケに求めるものは、好きなアーティストの新曲をいち早く歌いたいというコト価値に移行しました。このコト価値を満足させるためには通信技術を活用した通信カラオケの仕組みが適していました。新曲をレーザーディスクに収録し、ディスクを量産、顧客に届ける時間が省けるからです。パイオニアはカラオケというコト価値より、画質・音質性能に勝るレーザーディスクのモノ価値に重点を置いてしまい、通信カラオケの展開に遅れをとってしまったのです。

１９９０年代に入り、新たなコト価値のない単なるモノとしてのオーディオ機器は、バブルの崩壊と相まって急速な低価格化の道を辿ります。セット価格で15万円していたオーディオ機器が一気に3万円にまで下落したのです。一部マニア向けの高級オーディオの世界は残りつつも、一般的な趣味性の高いオーディオの世界は崩壊の一途を辿ることとなりました。日本のオーディオ各社が次の手、次のコト価値を見出せずにいるなかで、新たなコト価値の創出に見事成功したのがあのアップル社のｉＰｏｄでした。「音楽を身に付けて街を歩く」という部分においては、ｉＰｏｄのコンセプトは決して目新しいものではありません。ウォークマンと同じです。

それではｉＰｏｄはなにが新しかったのでしょう。3つのポイントで説明していきましょう。まず1つ目は、大量の音楽を持ち歩けるようになったことです。2つ目は、その大量の音楽をネットワークを通じていとも簡単、瞬時に入手し、マイミュージックとして自動的に手間なく管理できることです。3つ目は、ポケットの中に入ってしまう小型・軽量化と、親指一本で選曲、再生、停止ができる感性的な操作性です。そしてアップルは、これら3つのポイントを合わせて提供することで音楽ユーザーのハートをキャッチしました。ハードとソフトとサービスをネットワークでソリューションしたのです。

ｉＰｏｄの提供する最も決定的なコト価値は、これまで家の中にあった音楽ライブラリーをそっくりそのまま外に持ち出せることです。従来型のポータブルオーディオはライブラリーの一部しか持ち出せなかったわけです。これによって、聴きたい音楽が時間と空間を超えてストレスなく楽しめるようになりました。iＰｏｄはユーザーにとって音楽生活の中心的存在になったのです。このことは、これまで主役だったリビングや個室のオーディオ機器がiＰｏｄに従属することを意味します。オーディオ機器メーカーは周辺機器を含めて、iＰｏｄの存在を前提とした商品企画を余儀なくされてしまったのです。

「モノ+コトの進化」について、オーディオの歴史を振り返りながら述べてきました。モノ価値とコト価値は常にくっついて存在してきたこと。顧客にとっての価値の重心がモノ自体よりコトよりに移行してきたこと。ただしモノは歴然として存在すること。以上のことがお分かり頂《いただ》けたかと思います。

iＰｏｄにまつわる技術はそんなに先進的なものではありません。日本企業でも十分に、いやそれ以上に良いモノは作れました。ただ結果として、アップルが新たなポータブルオーディオの世界市場を創りあげてしまい、そしてそれが室内のオーディオ市場にも大きな影響を及ぼし、主役の逆転現象が起きたのです。このことは、技術力が高いだけでは世界市場は制覇できないことを私たちに教えてくれました。

「日本の技術力は世界ナンバーワンだから大丈夫」は、もう通用しません。オーディオの世界だけの話ではありません。電気通信機器や精密機器、機械、自動車なども同じことです。技術力だけに頼っていると、とんでもないことになりかねません。世界的な普及を可能にするビジネスモデル力が必要です。そして、そこには新たなコト価値の戦略的な創造が不可欠といってよいでしょう。

(3) 「モノ＋カタ・コト＋空間の進化」へ

「カタ・コト」とは、(社)流通問題研究協会の三浦功先生が考えだされた言葉です。流通業においてモノの顧客価値を高めるには、コトのマーケティングに加えてカタのマーケティング(使いカタ、作りカタ、食べカタ、見せカタ、等々)が重要であることを示唆されました。したがって、「モノからコトへ」ではなく、「モノ+カタ・コト」ということです。私はこれに加えて、「モノ+カタ・コト」を取り巻く「空間」に着目すべきだと考えています。

先ほど述べたiPodの事例に戻ります。電気店のみならず、カー用品店やインテリア雑貨店の店頭には、クルマの中や部屋の中、キッチンやお風呂でiPodを楽しむためのグッズが数多く展示されています。顧客にとっては、さまざまな空間でiPodを便利に、おしゃれに楽しめるツールが提供されていることになります。これにより、iPodのある生活空間のバリエーションが広がるとともに、生活スタイルとして顧客の中に定着していくのです。ここで重要なポイントは、iPodのある空間をアップル社単独で創り上げているのではないということです。同業他社や異業種を巻き込んで創り上げている点です。この市場でイニシアティブを持っているのはアップル社です。アップル社が仕様を変更すれば、他社はそれに追随するしかないのです。何とも計算し尽くされた戦略です。

「空間」という概念を加えることで、顧客が気づいていない新たな効用をまだまだ見出すことができます。日本の企業には、「モノ+カタ・コト+空間の進化」の視点を視野に入れて、世界をリードする新たなビジネスモデルづくり、まだ見ぬ空間づくりにチャレンジしていただきたいと思います。そしてそれには、自社単独ではなく異業種を含む他企業はもちろんのこと、顧客や社会をも巻き込みながら戦略的に進めていくことが成功の鍵を握っています。「共創マーケティング」の実践です。

(4)　「共創マーケティング」の勧め

「モノ+カタ・コト+空間」を創造し、進化させていくためには、1社単独の展開では困難です。周囲を巻き込んだ取り組みが必要となります。そしてこの取り組みは、私たちが忘れかけていた日本らしさのDNAが発揮できる取り組みなのです。ここで言う日本らしさのDNAとは、「まことの商人は先も立ち、我も立つことを思うなり」の精神であり、自らを律し、お客さまや社会との共存共栄を図る精神です。さらに言えば、マネジメントの自律、謙虚さ、真面目さ、誠実さ、つまり「真摯さ」です。

■ 顧客との共創

顧客は単に価値を提供する対象だけではありません。共に価値を創造していくプレーヤーでありキャストとして捉えます。

■ 流通との共創

メーカーは作る人、流通は売る人という考え方はもはや通用しません。カタ・コト+空間づくりには流通の創意工夫が欠かせません。

■ 異業種との共創

顧客を惹《ひ》きつけ、顧客の共感を獲得し、顧客を巻き込んだ形で、「モノ+カタ・コト+空間」を継続的に創造し、進化させていくためには、その空間を魅力的なものとするためにも異業種との連携や自主的参加が不可欠となります。

■ 社会との共創

これからのビジネスは、ますます社会性が求められるようになるでしょう。寄付や献金といった意味ではなく、ビジネス自体の社会性です。そのビジネスがいかに社会の幸せに貢献するかということです。国や地方自治体、地域コミュニティとの連携が求められます。

「共創マーケティング」には、「共創のシナリオ」が必要です。そして、このシナリオを描くものが空間のプロデューサーとなります。共創する上での連携には、密な連携から緩やかな連携、自主的参加まで、いろいろなパターンがあります。すべてが平等な関係とは限りません。プロデューサー企業がその空間のリーダーシップを握ることとなります。ただしここで重要なのが、「知りながら害をなすな」の精神です。プロデューサー企業は、共存共栄のシナリオを描く責任があるということです。

共創間の血の通ったリアルなコミュニケーションはもちろんのこと、ＩＣＴの進化は、「共創マーケティング」を展開していく上で、強力な追い風となるでしょう。新たな「モノ+カタ・コト+空間」の創造を目指して、「共創シナリオ」を描き、展開する多くの日本企業の出現を願ってやみません。

(5)　「幸せ空間の共創」が日本を再び元気にする

東日本大震災は、多くの安心・安全神話を崩壊させました。鉄壁といわれた津波防潮堤は、地域住民を守ることができませんでした。原発の安全神話も、もろくも崩れ落ちました。日本人は、米国の心理学者マズローが「欲求の５段階説」で主張した２段階目の欲求、すなわち「安心欲求」が満たされない状況に陥ってしまったのです。まずはこの欲求を満たすシナリオづくりが急務です。官民一体となった長期的視点に立った取り組みが求められます。なぜならば、この欲求が満たされない限り、より高度な欲求に進まないからです。エネルギー・環境・防災・防衛問題の領域です。これらの問題に対する有効な解決シナリオが描かれれば、欲求は次の次元に一気に進みます。「幸せ空間」は5段階すべての欲求が真に満たされた空間です。未曾有の災害に見舞われた日本だからこそ、世界に先駆けこの「幸せ空間の共創」に取り組みたいものです。日本らしさのＤＮＡがその実現を促進します。日本を再び元気にします。失われた年は20年で終わりです。

参考文献

・平田雅彦著『ドラッカーに先駆けた江戸商人の思想』日経ＢＰ社　２０１０年
・寺田一清著『石田梅岩のことば』登龍館　２００７年
・渋沢栄一著／池田光解説『渋沢栄一逆境を生き抜く言葉』イースト・プレス　２０１１年
・Ｐ．Ｆ．ドラッカー著、上田惇生編訳『マネジメント【エッセンシャル版】』ダイヤモンド社　２００１年

第3章　マーケティングの本質に戻るとき

震災後に見られた日本人、日本企業の行動に世界中が感動しました。それは人々がもともと持っていたもので、忘れかけていたものを思い出したからでしょう。見受けられた行動にマーケティングの本質を見ることができます。本章ではマーケティングの前提となる姿勢について話を進めます。つまり本質的な部分です。

1　〈相手を思う〉何にでも通用するマーケティングの心

(1)　インフラとしての企業

震災後の一時《いっとき》は、必要に迫られて商品を買わなければならない状況でした。売り手市場でした。しかし、現場に近いところほど、「売ってやる」といった態度よりも、「提供しよう」といった姿勢が見受けられました。多くの企業が損得抜きに被災者の救援に身を呈しました。これらの企業が果たした役割は公的機関の役割を超えるものでした。なぜそのような行動が見られたのでしょうか。法律や企業間の決め事があったわけでもありません。その理由の1つは企業が社会的な存在であるからでしょう。顧客の支持を得るためというよりも、一度展開したら止められない存在だからです。顧客の前に扱い商品を提示し勧誘推奨したら、途中で止めたとは言えないのです。それは、公の誰にでも応じる存在の責任と言えるでしょう。それだけに存続することにも責任があるわけです。企業自体が人々のためのインフラなのです。

しかし、どうもその責任感からのみ行動したとは思えないものを感じました。どこの国においても同じような現象になったとは思えないからです。日本社会にある独特の精神が働いたように思えるのです。そして、そこにはマーケティングの本質をうかがわせるものがあるからです。

(2) マーケティングは相手への思い

売り買いが成立する時点では互いに心の開放があるのです。大げさに表現すると「身を削って生みだした生産品・奉仕をぎりぎりの価格で提供しますよ、満足ですよね」という売り手と「身を削って稼いだ大切なお金を出すので、それに応えてくれますよね」という買い手の心です。その心が分かり合えた時に売り買いが成立するのだと思います。売り手が相手を知った時に適正品質とそれに合う価格が決まり、買い手が不当な品質や価格でないと分かった時に売買が成立するのです。相手を思う心がこの分かり合いになるのです。

企業には必需に応える義務と選択に耐える力が要求されるわけで、一見、両極の要求に応えなければならないように見えます。しかし、常に相手・顧客の最大満足を考えるという観点に立てば同じ方向です。

相手・顧客への思いが成功をもたらす理由の1つは心の開放を促すからです。もう1つは思いやりがイノベーションの基になっているからです。常に絶え間なく顧客のより良い生活と満足を考えているからです。

マーケティングには構成する要素、機能があります。リサーチ、商品、価格、広告、販促、営業、流通、物流、情報などがありますが、どれにも「相手・顧客への思い」は欠かせないものです。〝思い〟が接客や営業の場面で出るのは当然ですが、商品や価格づけ、広告など、すべての面に表れます。何となく騙《だま》されたような商品や宣伝に不快感を抱くことがあります。丁寧であっても心のこもらないものです。心がこもらないからより丁寧になっているものもあります。顧客満足を謳《うた》う多くの企業が、実現できていないのは、自らを正当化して、本心で相手を見ていないからです。

相手への思いを込めたマーケティング的な考えや手法はもっと広い分野で応用すべきです。農漁業にももっと活かすべきです。顧客のニーズを深く研究すれば、生産、出荷、物流、情報などで多くの付加価値が付けられます。そしてアイデア開発法を応用して、農産物や魚貝類の新しい食べ方、調理法などを生み出すこともできそうです。個人にも応用できます。就職を控えた学生にも自分をマーケティングすることを勧めます。少し嫌な言い方ですが、自分は商品です。買い手市場（採用企業）がどんな商品（人材）を求めているかリサーチし、それに合わせた商品開発（自己開発）をする。そして宣伝（自己アピールの表現力）によって売り込むことが必要です。強みを強調することも成功のカギです。その時に相手への思いを忘れないで下さい。

(3)　日本の「もてなし」は世界一

相手を思う日本的な典型は「もてなしの心」です。茶道の作法、茶室、日本庭園を代表に、日本料理、料亭など、日本人の人をもてなす姿勢にその精神が窺《うかが》えます。相手を思うがゆえに生まれるものでしょう。決して慇懃《いんぎん》無礼《ぶれい》ではありません。自然にシンプルなものです。人と人だからわかるものです。この心は世界一だとも言われています。

韓国人作家の呉善花《おそんふぁ》氏は『日本が嫌いな日本人へ』の中で言っています。日本人から受けたサービスに対して「人を助けようとするときの自然な行為と、行き届いたサービス行為とが、見事に一体化している。これをナチュラルサービスというべきだ」「露天の岩風呂は徹底して人手が加えられていながら、どこまでが文化なのか、どこまでが自然なのかの境界が曖昧《あいまい》、自然のままの岩風呂では、ゴツゴツして入りにくいだろうし、またそうまく絶好の景色を眺めることも難しいだろう」「日本的な最も洗練された最高級のサービスが、よりナチュラルサービス化の方向を強めることは確実だと思える」「先進国でお金を持っている人への敬意から始まったサービスが、浮いた、形骸的になってしまっている。自然な心のほとばしりからでるサービスが高度である、それが日本的なサービスだ」（要約）と説いています[1]。このような日本の「相手を思うもてなしの心」を私たちはコア・コンピタンスとしてマーケティングに活《い》かし、新しい市場の創造を図りたいものです。

★こんなこと、あんなこと

新宿駅ビルの化粧品専門店の話です。（ビルの改築などの関係で現在はありません）世界一乗降客の多い駅（1日約350万人）と言われている駅ビルの地下一階改札から歩いて50mたらずのところにありました。人通りの多いことは想像どおりです。私は営業マンとして約9年間担当をしました。そのころの専門店としては全国屈指の資生堂商品の売り上げでした。人通りが多いので当然と考えるでしょうが、同ビル内や近隣に競合店が多数あり、さらに駅ビル以上の集客力を持つデパートもたくさんあったにもかかわらずです。店の責任者ご夫妻と従業員5人～6人で営業していました。

数多くのお客を捌《さば》くほうが効率的と思われましたが、徹底してお客と話す、もてなすことに力を入れていました。地代坪単価の高いところにも関わらず、美顔用の椅子を2台も置いてサービスとして手入れをしてあげていました。ですから、忙しいときには待ちきれず帰る客もいました。フリー客は帰るのですが、固定客は「伊勢丹に行って暇をつぶして来るね」といった具合でした。お客は自宅近くの化粧品店を何軒も通り越して、化粧をして着替えて電車に乗って来店したのです。ご夫妻と従業員は、身の上話や家庭のもめごとなど親身になって聴いていました。

折からの化粧品の値崩れが始まりました。当該店は価格を維持したままでした。しかし、固定客は離れなかったのです。ご夫妻が定年で退職することになり、1か月位前からお客に次の従業員と引き継ぎをしていましたが、その間にお客から届いた花束数は百を超えたようです。この現象からお客は「買ってあげる意識」ではないことが如実に分かりました。

その後、ご夫妻は「顔が見たい、話したい」といったお客からの要望を断り切れず、国分寺に小さな店を開きました。月に2、3度は常連客の持ち寄り宴会が開かれていました。今は店を閉めて悠々自適です。私の商売の恩師であり利き酒兄弟の関係でもあります。

2　〈真摯《しんし》さ〉また同じ仕事で復興するということ

(1)　本業の継続、そして進化

東日本大震災の後、「やはりまた同じ仕事で復興する」という言葉を多数耳にしました。正しい選択だと思います。それは単に、これまであった経済活動や雇用を元に取り戻すという意味だけでなく、事業の成長の可能性が高まるからです。独占的な技術やオペレーションの事業では当然のことですが、成熟市場で競争に晒《さら》されている事業では、経験やノウハウの蓄積が競争の勝敗を決めます。自らの最も得意とする領域を大切にすることですが、いつまでもそのままで良いわけではありません。世の中の変化に適応する進化が必要です。その進化の方向は自らが見つけ出すものであり、それが最適な解であるのが常です。自己の資産やポジションを認識して、顧客の微妙な満足向上を捉えられるのは当事者のみです。本業を真剣に見つめることによって糸口が見出せます。

日本経済新聞に連載されている「200年企業」には、日本人の特徴とも言える共通するものが見えます。1つは、先祖から続いてきた事業を自分の代で終わらせたくない、という先祖にたいする「敬《うやま》いの心」があります。継続のためには有能な他人を養子にして継がせています。2つ目は、自らが地域に根ざした「文化の核」となっていることです。世の中の変化に廃業を考えるも、周囲からの惜しまれる声に応え、地域の役立ちのために復帰し、そして危機の時にはまた地域から救われています。3つ目は、本業の延長線上ですが、新しいことへの挑戦を続け、少しずつ進化していることです。

野村進氏は百年以上続く日本の老舗《しにせ》研究において、共通する要素の1つとして「本業重視と分相応」を挙げています。「新製品を開発するにせよ、必ず本業の技術の延長線上で、創業以来の家業の部分は頑固に守り抜いている」と。また、むやみに大きくするなという「拡大への警戒がある」と述べています。さらに興味を持つのは「自分たちがご先祖様から受け継いできた技術で、何か世の中の役に立ちたい…。そういう志を感じさせてくれる当主が実に多かった」と述べています[2)]。「ぶれない志」があることです。

第一次流通革命と言われた低価格大型量販店の台頭により、多くの業種の小売店が淘汰されました。その中でも逞《たくま》しく生き残っている店は自らの業態に進化しています。カメラ店は顧客の思い出記録を手助けするサービス、化粧品店は高度のカウンセリングやエステティック、電器店は高度の顧客管理サービス、酒販店は地酒逸品取り扱いなど、人手や付加価値を加える業態へと進化しています。メーカーは意欲のある契約店を積極的に応援し、付加価値づけをすることにより、価格破壊の消耗戦から回避する戦略を強化しています。継続と進化は矛盾しない一線上のものです。

一方、いろいろな新規事業を手がけては不採算事業を増加させる経営者がいます。自社に競争優位能力がないにもかかわらず参入する、あるいは、自己の優位能力を投入しきれない、などが原因です。また、優位性は顧客まで伝わらなければ優位にはならないわけです。技術的特徴を加えて優位なものを創り出しても、それを伝える仕組みができていない場合があります。進化と移り気はちがいます。進化であるべき理由は流通、宣伝、情報伝達、販促など、既存の仕組みを利用し、コントロールしやすいからです。

(2) 勉強をせよ

どんな業種業界で成功するにも勉強が必要です。余りにもありきたりなことを言いますが、意外とできていないのです。企業の商品開発担当者は美術の勉強をしているでしょうか。ほとんどの生産材商品にはデザインがあります。デザイナー任せですか、自社商品の技術的成り立ちを勉強していますか、技術者任せではありませんか。

商品開発担当者は詩人であり科学者である必要があります。顧客の直感的、感覚的なニーズや曖昧な要望を理解し、それを論理的に整理して、自社技術に可能性を探らなければばなりません。自分の企画したコンセプトを技術者やデザイナーに伝える、また、できたものにノーと言える能力が必要です。でなければ、プロデューサーとしての商品開発担当者は務められません。専門家と対峙《たいじ》できなければコンセプトを貫くことができません。

流通関係、小売接客の業務でも同じことが言えます。店舗経営者、接客担当者が取扱商品の知識を持たなければならないのは当然です。特に付加価値商品は、その商品の開発者・生産者が考えたこと、努力したことを顧客に伝えなければなりません。

取扱商品と会話ができますか。商品にはどんな人に、どのように利用して欲しいかの設定があります。ターゲットに合わせた機能があります。それに合わせてオペレーションを変えなければなりません。人も場も変化させねばなりません。それが理解できると商品が発する声が聞こえるようになります。熱心に商品と顧客のことを考えると、自然にこちらからも商品に語りかけるようになります。会話が生まれないのは、販売者が勉強不足か、商品が不良品なのです。

また、小売業には接客応対技術、それぞれの専門知識や技術、包装技術、陳列展示法、広告広報ノウハウなど、基本技術の習得が必須です。基本的なものも身に付けずに他者の価格や品揃えばかり気にしている人が多いようです。基本技術の習得には実務以外での努力が必要になります。自己啓発のために日常的な安息を捨てることが、日常的な経営安定を存続させる基となります。経営者の中に「不況だ、減収だ」と不調を訴えていながら、行動を起こさない人がいます。まず現場で何が起きているかを掴むことです。現場に出ると売れない理由が分かるものです。担当者の意見を良く聴くことです。パートやアルバイトの意見も大切です。彼等は本音を言ってくれます。できることを素早くやれば現場は聞いてくれた幹部に感激して、さらに応えようとします。現場が活き活きしてきます。

不況の中でも業績を伸ばしている企業・事業があります。その企業の実態を見て、好調の要因を掴み、自社の点検と修正に活かすことです。業種業界が違うというだけでやり過ごしていないでしょうか。好調な現場には世の中の変化が如実に見えるはずです。そこで「なぜ」を何回か繰り返すことです。

★こんなこと、あんなこと

私は1980年前後に、化粧品会社の営業担当者として、ビューティーコンサルタント（店頭に派遣される美容部員、以下ＢＣ）を数十人抱えて化粧品店数十店を担当していました。そのＢＣの活動を管理し、意識づけをすることも大きな役割でした。しかし、男性営業マンはほとんどの場合、化粧品知識や化粧技術に関してはＢＣに任せきりでした。知識技術で劣る者の指示を聞かないのは人の常です。活動への意欲づけは難しい課題でした。こちらを向いてもらうには同じ分野で注目を得ることだと考えました。そこで、香粧品化学を勉強しました。つまり、乳化メカニズムや保湿剤の種類によって、使用感や化粧崩れに違いが出ることなどです。BCの販売マニュアルは科学的裏づけについては詳しくありませんでした。商品を技術面から説明すると、私を見る目が違ってきたのです。BCは自分たちだけの情報を喜びました。チームの一体感が強くなり、それと共に業績も伸びました。BCにまともに対峙したいという、ほんの小さな意識から行ったことですが、その知識が後に本社の商品開発担当者になっても大きな支えになりました。研究所の専門家も応じてくれて、むしろ、いろいろな提案をしてくれるようになりました。

商品開発の担当になると商品デザインの考えもデザイナーに提示しなければなりません。自分がいかに、デザインや美術について無知であるかを思い知らされました。そこで行ったことは、まず銀座の画廊のほぼすべてを巡回したことです。次第に好きな絵ができ、画家の特徴が分かり、絵を見ただけで作者が分かるようになり、絵画の表現手法、西洋美術史にも興味が出てきました。海外の美術館も多数回りました。そのころにはデザイナーの出したものにノーを言えるようになっていました。デザイナーも真剣に聞いてくれるようになりました。専門家には追いつけなくとも、努力の端が見えれば人はそれに応えてくれるものです。

3 〈客は全てのコスト負担者〉世間さまのおかげ

(1) 忘れていた「おかげさま」

企業は顧客がいるから存在できます。それはドラッカーでなくとも誰でも分かっています。日本マーケティング塾、故水口健次先生は「すべてのコストの負担者は顧客だ、顧客に関係ないコストが発生し始めた会社は潰れる」と言っていました[3)]。顧客からいただいたお金を関係ないところに使うのは顧客への還元にならないので、いずれ競合に負けるわけです。簡単な筋道にもかかわらず多くの企業が踏み外しているのです。その原因の１つは、お金がお金を生む金融投資などが増え、手っ取り早く多額のお金が手に入ることもあるからです。顧客からいただいたものではないお金が、経営の視線を乱しています。

企業は利益が出始めると、次期商品の開発研究、新規事業への投資へと向かいます。顧客に関係ある費用です。ところが、時には社長室が豪華になり、車と運転手が付き、取引を有利にするための接待が増加します。それが社内の上から始まり全体にはびこります。これを止めようという者がいなくなります。徐々に顧客から遠いコストが発生してきます。

一つひとつを作り、思いを込めて奉仕し、お金を払っていただけることに感謝する。「おかげさま」の精神を忘れない風土をつくることがトップの重要な仕事です。顧客は企業の贅《ぜい》肉までは負担しません。顧客からいただくお金を大切に顧客のために使う精神に戻れば、経営の道を踏み外すこともなくなることでしょう。

日本では、特に具体的に世話になったわけでもなく「おかげさま」という言葉を使います。これは特定の相手の特定の行為に対してよりも、人と人のつながりに感謝しているからです。震災の後に、生活者は物を買えるありがたさを知りました。作る人、運ぶ人、売る人のありがたみを感じました。そして、東日本産品を買う運動が起こりました。これは被災者に対する同情心ばかりではなく、支援する人々に感謝する気持ちの表れでしょう。つながりの中で生きている者は利益を自分のところだけに留めてはいけないのです。

また「おかげさま」と言う言葉は、「ありがとう」よりも、相手が自分に役立った感謝の気持ちを表しています。地域社会の中に存在を許していただき、労働や売買で協力してもらい、好意を持ってお付き合いいただける。それらのつながりに感謝する気持ちをマーケティングに込めれば、心が必ず通じるでしょう。

日本人の精神の根源にある、「おかげさま」の心を経営の中に忘れないことです。

(2) 忘れていた「もったいない」

原発事故の後に物の節約意識が高まりました。生活者は生活や消費の中身を変えました。低価格志向が高まり、環境志向商品へと向かっています。機能をスリムにした商品を選ぶようになりました。また、企業も新興国での競争で、「もったいない機能」が付いていたことに気づきました。いつの間にかエスカレートしていたことに気づきました。付加価値であると考えた装備が、いつのまにか当たり前になり基本装備になり、価格を引き上げていました。

２０１１年10月６日の日本経済新聞によると、その年８月時点でのＥＵ27か国の若年失業率は21％とのことです。これは金融不安に由来し、また、企業の海外移転によります。先進国の債務はこれまでの贅沢と言えます。低労賃の中でできる新興国の商品と競争するために、企業は外に出ます。顧客と生産者が同一国民であった頃は、消費が給与を上げ、全体の底上げになりました。今は先進国と新興国のタイムラグがあり、金融や為替操作が循環を歪《ゆが》めています。先進国と新興国との生活レベルの調整期は、しばらく続きそうです。

さて、すべての新興国が先進国レベルの生活水準になると、何が起こるのでしょうか。別の恐労賃の差がなくなり、為替の変動がなくなり、全世界の安定になるのでしょうか。別の恐ろしいことに気づかされます。資源の枯渇、食料、エネルギーの不足です。先進国からスリム化による歩み寄りが必要です。新興国仕様は先進国に必要になってくるのです。人々は「もったいない生活」に陥っていることに気づき始めています。有限資源の消費は、今となっては人格を表すものです。企業の品格をも示すものとなりました。利益や報酬は世間さまの〝おかげ〟でいただけている、という観点に立てば無駄には使えないわけです。自分のお金であっても贅沢に使う輩《やから》には嫌悪を感じるようになりました。「もったいない」は「おかげさま」からつながっているのです。

(3) 客が対価を払う機能

しかし、付加価値が贅沢であるという考えは間違いです。人々の発展や生活の向上を生み出す原動力です。付加価値づけはイノベーションです。人類の生活向上となるわけです。「自分へのご褒美《ほうび》」という言葉が使われます。これだけは大切という気分は誰にもあるものです。その気分と商品（サービス）の合致が大切です。業種、商品、カテゴリーの位置、その変化を忘れないことです。ご褒美気分の商品なのか、節約気分の商品なのかです。付加価値が当たり前になるとコモディティ化が進みます。付加価値を付加価値的に見せる（魅せる）ための装置はいらなくなります。残したままの事業は衰退します。

ご褒美の機能かもったいない機能かは、国や人によって異なるから厄介です。とすると、ターゲットに合わせたマーケティングミックスが必要です。「牡蠣《かき》の多い海では牡蠣をえさにしてタイを釣れ」です。海老ではないのです。マーケティングミックスの仕方で失敗する企業よりも、ターゲットの捉え方にズレがあるほうが多いようです。一度成功した企業が旧態依然とした感覚に捉われやすく、変化に反応しにくくなるのです。

技術の汎用化が進む商材や真似のできるサービス業は猛スピードでコモディティ化が起こります。その後に2つの方向に分かれます。1つはそのまま低価格化の方向。もう1つは、他者の持たないものを加えた高付加価値の方向です。後者はソフト、人のかかわり、場の特徴などを加え、他の追随を避ける方向です。ソフトの面では、ハードとソフトが一体となった新しい機能開発が進んでいます。アップルはiPhone4Sに音声認識機能による操作を加えました。ソニーは音楽ソフト配信会社を買収しました。トヨタはインテルと車載システムの共同研究を始めました。人のかかわりについては、結婚式や同窓会をセットする会社、高齢者の安否を確認する安全保障会社、徹底的に顧客のニーズを実現する住まい関連企業、顧客のところに出向いて行く小売業などが見られます。場の利点を活かしたものについては、その場所でしか実現できない特徴をもった事業です。ご当地ブランドが代表的な例です。いずれも他者の追随を絶つ方法です。

★こんなこと、あんなこと

１９７０年新入社員として資生堂に入ったころのことです。大阪市内の化粧品店を担当する営業マンでしたが、まったく未熟でした。大阪の店主たちはたくさんの商人道を教えてくれました。化粧品店は毎月のように売り出しなどの店頭施策を行っており、そのハガキはメーカーから斡旋されています。ハガキは季節の訴求商品などが印刷されているもので、１枚１円でした。当時の大卒初任給は５万円位でした。

ある日の夕方、熱心な店主から会社にいた私に電話がかかってきました。「ハガキが２００枚残っているんやけど、もったいないのう思うねん、使い方教えてくれへんか。今からそっちに行くよてな」初老の大ベテラン小売店主がわざわざ会社まで出向き、新米の営業マンに使い方を聞く。この不思議さなどその時は感じませんでした。私は偉そうに何案か出しました。そうすると「これで決まった、すっきりしたわ。ほな難波にでも行かへんか」と言って、その晩は難波と北新地を何軒もはしごをしました。私の月給以上の出費をしたことは明らかでした。後になって次第に疑問がわいてきました。なぜ若輩の営業マンの意見などを聞きにきたのか、なぜ２００円のハガキのために大金を使ったのか、営業マンに自負心を与え自店に注力させたかったのか、商売のためには１円も無駄にしないが、遊ぶのは別のお金だからか、などです。その後、私の訪問回数が増えたのは確かだったと思います。

同じ店主の話です。当時の営業マンには毎月の売上予算があり、半年ごとの予算達成率で評価されていました。期末には予算の不足分を仕入れてもらう、これも営業マンの能力とされていました。もちろん、私も何の疑問も持たず一所懸命でした。ある期末にその店主はこんなことを言いました。「あんたに小切手預けるわ、足りない分全部書いてええでェ」と。嫌みではなかったのは言葉の調子で判りました。私が「ではお願いします」と言わないのを分かってのハッタリだったと思いますが、営業マンの心を動かす言葉でした。「売ってあげる」「売らせてあげる」ではないところに商売の本質があるようです。

4　〈人間性〉自分に恥じない

(1)　3・11直後、小売業の現場の対応

東日本大震災のとき、石巻市ヨークベニマル湊鹿妻《みなとかづま》店の出来事です。大津波に追われ、店の屋上に避難してきた地域住民500人と従業員との共同生活の話「奇跡の5日間」。外部との通信を絶たれ、わずかな食料と水で5日間を過ごした話です。パニックにさせず、

生還に導いた店長・物江氏へのインタビュー『Value creator』の一部要約です。

―若い女子従業員の一人は、震災から2日目、父親が瓦礫《がれき》をかき分け、ヌカルミの中をやっとの思いで迎えに来て、お互いの無事を抱き合って喜びました。しかし、この女子従業員は、「私、この人たちを捨てて帰れないから、最後まで面倒をみたい」と居残りました。また、やはり若い男子従業員は、早朝から家を出て辿《たど》り着いた母親の持ってきたおにぎりを「いらない」と言いました。「ここにいる皆が、食べていない。俺一人だけが、食べるわけにはいかないんだ」と言って返しました。後の話では、双方の親は子供の成長に感涙《かんるい》したそうです。何がそのような行動をとらせたのかというと、まず、従業員は日頃から徹底して「己を忘れて、他人の利益を考えよ」という企業理念（大高社長）を叩き込まれていたから。だから、それぞれが自分の判断で動いた。―と店長が振り返って話しています[4]。

確かに企業理念は咄嗟《とっさ》の判断の基になります。繰り返し繰り返し、企業理念を浸透させる大切さは、リッツ・カールトンの「クレド（信条）カード」や、ディズニー・ランドの「マニュアルを超える理念の徹底」の例でも分かります。

しかし、もっと根源的な精神がこのような行動を取らせたのだと思います。見ぬふりはできない人間性が自主的行動を取らせたと言えます。

被災者は、津波の再来や、たびたび起こる余震の恐怖のなか、整然と列をつくり、老人や子供を優先的に助ける行動を示しました。たくさんの人が、人を助けようと自らの命を捨てました。かろうじて生き残った人のなかには、救えなかった人への悔念《かいねん》から精神的に病む人も多いようです。現場のほとんどの小売業は店の物品を提供しました。被災地以外の人々は、自分のできることを最大限行いました。

人に不快を与えない礼儀、約束を違《たが》えず信義を守る、自分だけの利益を嫌う、卑怯な生き方を嫌う、武士道の美徳がまだ日本に生きているのです。根源には「自分の、自分への評価に恥じない」という精神があるようです。

(2) 裏切らない本物

「自分の、自分への評価に恥じない」精神は儒教や仏教の影響から、直接の教徒でなくとも、日本独特の地勢と歴史的経過のなかで育《はぐく》まれ受け継がれた文化です。日本人の中に深く根付いた人間性のようです。

その人間性はマーケティングのあらゆる場面にも表れます。それは、顧客を裏切らない、妥協しない本物を提供するという考え方です。日本の製品は精度が高く、壊れない、長持ちすること、生産者は納期をきちんと守ることなど、世界から評価され、かつては世界第

2位の経済大国にまでなりました。それが、最近怪しくなっています。短期的な数字を追い、株主の言葉に翻弄され、他店の動きに方向を見失い、本物を追求する心が薄れているようです。

商品は愛用者のことだけを考えれば良いのです。価格に対して機能価値、感覚的価値、意味的価値などが裏切らなければ、自ずから継続利用が促せます。ターゲットをしっかり掴めば余分な価値設計にはならないでしょう。無理な価格設定にもならないわけです。

それでも現実には競合相手に出し抜かれることがあります。機能や装丁を極端に除いたもの、流通経路を省いたもの、海外からの逆輸入など低価格商品があります。この手段もマーケティングの重要な手段です。進化の方向になることもあります。それぞれの商品ポジションはどこで、何で勝負しているのかを考えることです。しかし、同じ事業主が行う場合は会社やブランドを変えるべきです。企業の行動は顧客の頭の中に蓄積され、イメージとなり、それが企業の人間性、企業品格を代表するからです。

接客においては、再来店を促すことだけを考えれば良いのです。小売店の中には顧客優位の理念を徹底しているところがあります。「お客の言う事は常に正しい」とするところ、「客との議論に勝つな、説得しても再来店をなくすれば無意味だ」とするところなどです。顧客との長い付き合い、愛顧を目指すのですが、まず次の来店を促すことを考えることです。顧客は笑顔を見せてくれる、自分の名前を呼ばれる、自分に関心をもってくれる、など簡単なことに喜びを感じます。また、顧客は自分にとってナンバーワンのものを買います。接客の微妙な差が商品にプラスされてナンバーワンになるのです。

E・J・マッカーシーが1960年に提唱したマーケティングの4P・製品（product）・価格（price）・プロモーション（promotion）・流通（place）は、今でもいろいろな場面に出てきます。価格を重要な要素の1つとしています。ですが、価格は商品（ソフト・サービスであっても）の設計段階から、ターゲットと品質目標に合わせて決めておかなければなりません。重要ではありますが商品の一部です。後から利幅をのせるものではありません。価格によってターゲットが変わります。マーケティングのすべての要素を変えなければならないのです。商品が完成した後にポジショニングをすると、ちぐはぐなマーケティングになります。

★こんなこと、あんなこと

今ではビジネス・ホテルなどによくある商品ですが、シャンプーとリンスが一緒になった商品（リンスインシャンプー、この英語はおかしいのですが）は、私が商品開発部の担当課長として初めて提案した商品です。シャンプーはマイナスイオンに帯電する洗浄剤が入ったもの、リンスはそのマイナス帯電を中性化するためにプラスに帯電した滑らか成分を配合したものが基本でした。マイナスのものとプラスのものを一品に入れることは難しく、一方を取ると他方の機能が落ちる問題がありました。まがい物は許さない企業風土の会社です。どちらかにイオン帯電が偏ったものは、2つが1つになったとは言えないというのが研究所の見解でした。しかし、その後、技術的に可能になりました。

開発部門内では、この商品の発売について、「シャンプーとリンスの2本売れていたものが1本になってしまう、業界の反逆者になる」「この商品は簡易指向の商品だ、低価格帯で出すべきだ」などの意見がありました。2つの機能があるものなので容量を多くして800円で提案しました。そのころ付加価値の付いたシャンプーは600円から800円位で、一般のものは400円から500円位でした。取締役の一人は「2本使うべきところ1本で良いのだから時間短縮になる、2倍の価格で良い、イオンバランスの整った高機能なので1500円だ」と主張しました。差し戻し要検討となりましたが、また800円で再提案しましたところ、「何のために会議をやっているのだ」と叱られました。結果1500円となりました。

売れたのは一時でした。すぐに他社から低価格の追随がありました。髪を大切にケアする女性の気持にイオン理論では勝てなかったのです。やはり簡易指向の商品だったのです。ターゲットと価格を軽率に設定すると、すぐ競合に打ち砕かれるという勉強をしました。

5 〈共存共栄〉日本に根ざした共存の精神

(1) グローバル市場での共存関係を見つける

災害で生産停止した部品メーカーに対する復帰への支援に、ライバル同士が社員を派遣し、また、部品の融通をし合う自動車メーカーの行動は共感を呼びました。東日本大震災では大きな力として表れました。共存共栄の思想は300年も前からある近江商人の経営理念「三方よし」にも通じます。売り手、買い手の双方が喜ぶことは当然とし、商売をさせていただける世間さまへの〝おかげさま〟の気持の表れです。

京都大学大学院教授カール・ベッカー氏は「武力により他の地域から食料を奪取せずに成り立った世界で最古の超100万人都市は奈良であり、日本には堺、京都、長州、江戸、尾張など、古くから存在した。存在できた理由は共存、節約、循環の文化であった。それぞれの身分に応じた物資で生活し、時には家族の間引きもあり、モノを循環させて使い、節約する自給自足で共存する文化があった」（要約）と述べています[5)]。

従来ある日本の特徴的な親企業と下請企業の関係は、通常の取引関係と違う独特なものがありました。資本関係がないにもかかわらず、下請けが親企業に従属する高い依存性がありました。そのため親企業が取引を停止すれば一挙に倒産する関係にあり、親企業も長期的な取引を暗黙のうちに約束していました。したがって、親企業は長期計画や技術を下請けに開示し、時には下請け同士の技術共有に介入しています。それでも機密保持ができ、暗黙の信頼関係ができあがっていました。下請けにとって親企業の発展が自社の発展になったので、提案も積極的に成されました。この互いの領域にまでも越権しての提案が、日本企業の発展の源となりました。これは契約文化の中では生まれにくい契約外の行動であり、相手に対する敬意尊重から生まれる行為でありました。長期的共存の意識があったからです。

しかし、この従来の親と下請けの関係は大きく崩れ、変化しています。コストの低い海外製品との競争により、親子関係にも変化が起こりました。その大きな要因はグローバル化です。情報は一瞬にして世界中に伝わり、調達情報の把握が容易になりました。物流網の発達によりコストも低減しました。親企業は決まった下請けだけに頼らず、下請けも複数、親企業のライバルとまで取引をしなければ生き残れないようになりました。それに伴い、上下関係ではなく対等の取引関係になってきました。お互いに頼らない、自力のビジネス取引で生き残ることにより、競争力のある体質を持った受託企業へと変わりました。

しかし、相手がいつでも変わる取引の中に、本当に提案型のイノベーションは起こるのでしょうか。信頼関係の中にこそ生まれると考えます。しばらくの間、新興国との価格差に対抗するために、止むを得ず調達取引の相手を広げるとしても、残すべき相手はきちっと押さえておく必要がありそうです。

日本の中小企業は世界の中でも誇るべき技術水準を持っています。世界の大企業ＧＥ、ＩＢＭなどを代表とする多国籍企業は、必死で隠れた優良中小企業を探し回っています。

ＩＢＭのパルサミーノＣＥＯは２００８年5月に、「21世紀初頭の企業の生存競争で絶滅の危機に瀕する種の1つは、多国籍企業という長い牙を持った獣だ」との書き出しで始まる寄稿をしています。―「（中略）中小企業は地域だけでなく、世界で活躍できる〝グローバル・スモール・ビジネス〟に進化したと指摘」「大企業こそオープンな姿勢で世界の知恵を集積する仕組みが必要だと説いています」[6]―そして、日本の中小企業に世界の大企業がアプローチしてきている背景には、外部の技術を集めることを得意とした多国籍企業が自社の中核技術不足に焦躁感を抱いているとも取れます。

日本の中小企業の高い技術は勤勉で誠実な国民性によって生まれたものでしょうが、もう1つの要因は相手を思う精神から生まれたものであり、互いに信頼してオープンの関係から培われたものであったようです。日本のかつての親企業と下請中小企業の関係はオープンイノベーションの良き関係を作っていたのです。

しかし、これまでどおりの閉ざされた取引相手との関係で良いというわけではありません。世界の国ごとの壁はなくなったと考えるのが良いでしょう。現地の企業との取引も含めて内外の概念を捨てることです。日本の中小企業も外に出なければ生き残れなくなりました。委受託関係の企業が一緒に出て行き、そこでオープンなビジネスを展開して競争力を付ければ良いのです。現地で勝てないようでは日本にいても負けます。技術の流出を恐れることもありますが、常に新しいイノベーションがなければ淘汰されます。技術者も社員も日本人に勝るとも劣らない人材が現地にあります。そして、基本的な契約、機密管理、人事管理などグローバル手法へと脱皮することも必要ですが、そこにおいても、日本に根付いていた長期的な関係、信頼関係、共存共栄の思想を強く保持することがイノベーションを生み出す基になります。これからの世界を支える無限エネルギー開発、環境関連、バイオ技術など日本には世界をリードする産業があります。これらの開発は業種を超えた共同開発が必要であり、協調開発の得意技を生かす時期でもあります。

(2) 長期的視野に立ったディーラー満足の経営

時代の流れと共に、業界全体が厳しい状況の中、着実に経営している企業も見受けられます。ハーレーダビットソン・ジャパンはオートバイという成熟商材を、高度のソフトを加えて生き返らせました。買った後の乗り方をディーラーと共に提案をして、高伸長を示しました。背景には「ディーラー満足があってこそ顧客満足につながる」という考えがあります[7)]。日本酒の朝日酒造は清酒というコモディティを久保田というブランド化に成功しました。やはり背景には長期的思想が強く根づいています。次世代の後継者を指名できない小売店とは取引をしないという方針です。「長期にブランドを育成する考えを持った小売店は後継者も育成している」という考え方です。ですから小売店の経営指導にも多くの力を注いでいます。自社だけ生き残るという考えはありません。

★こんなこと、あんなこと

子会社に出向した当時の話です。常務・商品開発本部長でした。既存商品のリニューアルに際して、当然ながら部品のコストダウンを考えました。未取引業者も含めて相見積りを取りました。そして、最も低価格で品質も合格した業者を選択しました。選んだ業者は今までの業者ではなかったのです。その後伝わってきた話では、その選考にもれた納入業者は、「新会社設立時に協力した恩義を全く忘れている、なんという恩知らず者だ」と私のことを言っていたそうです。子会社の設立時、商品の原価を特別ご祝儀価格で安く設定していたようです。リニューアルに際して正常に戻したため、選考にもれたようです。協力関係の恩義に対しては申し訳なく思いましたが、間違った選択とは思いませんでした。

その後、本社において別の海外低価格ブランドのリニューアルに当たり、やはりコストダウンのニーズに迫られました。子会社での経験を生かし、業者を泣かすことは絶対に避けようと考えました。そこで考えたのは、外部での生産です。

自社内に設備技術がある商品は、自社内で生産することが全体設備コストを低減することになります。外部生産は企業利益に反することです。しかし、あえて外部を選択しました。関連部門取締役の了解を得ました。恵まれたのは研究部門の担当室長が理解のある革新的な人でした。「やってみましょう」ということになり、外部の日本の部品メーカーによる中国工場生産というトライでした。今では珍しくないことですが、15年位前のことでした。その時、本社の会議室にすべての担当部門と業者の中国工場の社員を集めて言いました。「目標は現行価格の半額だ。しかし、決して業者の適正利潤を減らしてまで目標を達成するな、適正で長続きする利益を互いに取って達成しなさい」と。少々無理な要求かと思いましたが、見事に達成されました。現在でも海外アジア市場ブランドとして伸長しています。その時の研究部門の室長は、本誌コラム「談話室7」の東色ピグメント株式会社専務取締役の曽山美和氏です。

談話室 6

メセナ アワード2011の受賞

朝日酒造は2011年のメセナ賞「酒唄里づくり賞」をいただきました。ホタルの里、モミジの町づくりなど、地域の自然保全活動と酒造りの唄を復活させたことへの受賞です。酒造りに大切な水と米はきれいな自然環境が大切です。豊かな自然に恵まれた里山を守ることが、企業存続の必須条件と考えています。

地域の子供たちとホタルを養殖したり、棚田を保全し、酒米を研究開発して地域の農家に作付けしてもらっています。社屋のエントランスホールは音響効果を持たせたイベント場として提供しています。これらの活動を直接目にする人でも、わが社のお酒を消費するのは僅かな人達だと思います。評判を良くしたいからではなく、朝日酒造を理解してくれる人を１人でも増やす為の活動です。

酒造りの正道、どこに出しても恥ずかしくない価値ある酒ができるのは、これらの活動があるからとプライドを持っています。そして、高い付加価値を伝えるのは人です。地域を大切にするのは人を大切にする事につながります。

この活動に社員は使命感をもち、一体化しています。酒販店は共鳴し、信頼感を持ち意欲的に取り扱っていただいております。愛用者に何かが伝わるのだと思います。環境保全への支援活動や投資がどれだけの効果があるかは判りません。効果の量れないことを信じて貫くことが社長の使命と考えています。また、利益を自分だけのものにしないでお返しするのが当然と考えます。

朝日酒造㈱代表取締役社長　平澤　修
〒949-5412 新潟県長岡市朝日880－1
http://www.asahi-syuzo.co.jp 3.co.jp

6 〈社員の一体化〉基本的人間性を見直す

(1) とっさの行動と顧客対応

とっさの行動は普段から身についていなければ急には出てきません。お客にだけいい顔を見せようとしても直ぐに判ってしまうものです。現場の顧客に対応する社員は窓口でもあり、それまでの企業活動の最終締めくくり役でもあります。ほとんどのビジネスの顧客はここで判断するといっても良いでしょう。個別の対応にはその場での判断が要求されます。現場の接客クオリティーは即座に顧客に受け渡されます。後からの修正はききません。判断は企業のトップがするのではなく、トップの意志に沿った社員です。ほとんどの企業は理念を掲げていますが、中には、徹底の成されていないところがあります。そのことに気づいていないトップや中間管理職は問題です。

問題のもう1つは基本的人間性の欠落です。一般的な道徳、礼儀、規律などから補足しなければなりません。あまりにも基本的なものですので、つい、すでに備わっているものとしてしまうことが多いようです。しかし、全くこの道徳教育の機会を得ないまま社会に出てくる者が多くなっています。そのような新社会人には精神修養の前に、礼儀作法から教えなければなりません。基本的な人間性に基づいた企業柄の醸成や、〝相手を思う〟精神を養うまでには相当の時間がかかるようになってしまいました。

(2)　やる気のあるなしの差

企業業績と社員品質の関係を見ますと、業績の良い企業の特長は、社員が礼儀正しい、社員同士の連絡が迅速丁寧、社内がきれいに掃除されている、などが挙げられます。社員全体の帰属意識が高く一体化すると、自然に生まれてくる状況です。他人が少しでも気持良くあれ、と思えばこれらの行動が出てきます。

やる気を失った社員集団と使命感に燃えた社員集団では大きな差が生まれます。たとえば、やる気のない社員の場合―朝の始業時間に駆け込んでタイムカードを打つ。職場に着いた安堵で一休み。実際の仕事が始まるまで頭の切り替えに1時間。昼前から休む準備。仕事以外のことを考えていて昼休みから頭が戻るのに数十分。終業時間前はその後の遊びの約束、帰る準備―すべて合わせて2時間位のロスをします。このロスで仕事が終わらないため、後日残業になります。残業代は割り増し給与になります。2時間の残業・2割増し給与に社員数を掛けると、純利益の何％になるでしょうか。逆にそのコストを利益に代えると何％の伸長になるでしょうか。

さらに、やる気のない集団のロスは計り知れません。機会ロスです。顧客のことを真剣に考えていれば気づく改善案、現場に現れている危機信号を見過ごします。現場はイノベーションの機会を見つける最重要基点ですが、それが機能しません。そしてさらに、帰属意識の低下は社員同士、部門同士の協力関係を剥奪《はくだつ》します。関係がギクシャクして、不調の要因を他人・他部門のせいと考えます。カイゼンやイノベーションどころか、それを行おうとする僅かな社員の行動も阻止し、全員がやる気のない集団になっていきます。

数字の結果ばかりを責められる社員は現場でも悲壮感がただよい、顧客にも判るものです。顧客はそのような社員を信用できません。明るさや余裕のない企業や店から遠ざかりたくなるものです。

(3) やる気のない集団を作る原因

このような現象は何によるのでしょうか。もちろん、それぞれの場合によって異なるのですが、多くの場合は管理職に問題があります。上司がトップからの指示にノーと言えない、上の顔色を見る、自分も下に要求する、良い報告のみ受け入れる、諫言を受け入れる度量がない、過去の成功体験で指示する、などです。保守思考の高まりです。改善の必要性を認識していても、これまでの柵《しがらみ》でできない、協力してもらっている他部門の不都合は公言できない、前例で判断する、などの気運の蔓延《まんえん》です。このような組織に限って、新しい提案が受け入れられにくいものです。動きの遅い集団になっていきます。

これらを打破する風土づくりは社長の仕事です。組織の機能が麻痺していないか、そこに最大の力を注ぐことです。倒産企業の多くが外部の力を借りて再生するのは、柵を一掃できないからです。

一度でき上がった風土を後から修正するには桁外れのエネルギーを要します。話し合いが必要になります。前記の例ではありませんが、情報機器ホットラインを利用して社員と徹底的に討議したＩＢＭ。社員と直接の話し合いを限りなく行った日産自動車。社長の行動力が業績を大きく回復させた例です。社長たちはビジョンを社員と共に探り、そして共有しました。

企業が経営難に陥ると、社員は経営者の責任だと考え、経営者は社員の責任だと考えがちです。回復に立ち向かう経営者は少なくとも経営者の責任で現状があると考えなければ始まりません。そして、改善には互いに痛みを分け合うべきことを説得しなければなりません。この時、社員ばかりに痛みを被せると成功しません。そして、何年後にどうなるか、社員の待遇、会社の規模などを明確に示し、そのための現実味のあるステップを示すことです。いつまで我慢すれば良いかの将来が見えれば、我慢はできるものです。

(4) やる気をなくさないために

意欲を持った集団づくりのために上司はどうしたら良いでしょうか。まず、自ら率先して何倍もの努力をする、挨拶を徹底して気持ちのつながりをつくる、社員への目配り、成果を評価する、提案を取り上げる、こちらから相談して存在感を抱かせる、達成感を味わせる、他人・他部門との壁をなくする、結果だけで評価しないで原因を共有する、責任は上司が取る。ありきたりですが、いろいろあります。

人それぞれいろいろな考えがあります。育った環境や国の文化の違いなどにより判断や解釈の違いは起こるものです。ぶれない最も正確な羅針盤は顧客指向です。そしてベースとなるのは誠意、努力、人を尊重する人間性、〝相手を思う〟気持ちがあるかないかです。

社員が帰属意識を高め、毎日わくわくするような気持ちで仕事に取り組めば、社員間、部門間の協力関係は自ずから高まり、そこからは色々な提案やイノベーションが生まれます。そうすると社員の数だけ経営者がいることになります。

★こんなこと、あんなこと

販売会社で営業マンをしていた時のことです。派遣されるBC（美容部員）は店頭活動、商品の売れ行き、店や競合など市場の状況を月報で報告することになっていました。派遣された店にいる時間が多いため、派遣元の会社への帰属意識はなくなってくる傾向でした。特に派遣先が居心地の良い所ですとなおさらです。月報は担当の営業マン、課長、部長、専務（当時の会社トップ）へと回り、本人に返ります。こちらを向かせるために、私はその月報に必ずコメントを入れることを徹底しました。どんなに忙しくても、全員（22名）にかなり多くのことを書き入れて返しました。活動に対する評価、激励、そして、その店の業績を上げるための質問、商品の改善点、他社の商品評価などもコメントの中で質問しました。答えは必ず返ってきました。

誰でも行う当たり前で簡単なことですが、少しだけ気持を込めました。努力の微差を加えただけです。次第にいろいろな提言も書かれてきて、相談ごとも増えました。できる限り相談に乗り、できることは実行し、提案すべきところに提案しました。商品に関する提案は本社にしました。これが後に本社商品開発部門への異動につながりました。

そうしている内に、売上予算の締め切り月には、ＢＣが自ら受注伝票を持って店に行き、欠品を見つけて、店主に注文を願う行動になりました。営業マンが22名に増えたようでした。

談話室 7

社員の求心力を高めるには

社員の求心力の醸成は「経営陣の熱く燃え滾(たぎ)る魂そのもの」で決まります。企業においては、人を育て、組織を強化し、会社の目指すベクトルへ向かわせる、その豪腕を誇れる経営陣の存在が全てであると言っても過言ではありません。企業環境が厳しくなると、何かと視点が、世の中の低調な政治経済へと向き、疲弊している己の組織の足元は見えなくなります。

会社は、成長性や収益性を考えた成長戦略のもとに、「改革」を掲げ活動し、その成功がなければ生き残れません。冷静に現実を直視し、中・長期を展望した構想を作れるか、そして、そのことを熱く語り、情熱を注ぎ込み、パワフルに挑戦していく姿を組織に焼きつけることができるかにかかっています。

経営陣の喧々(けんけん)諤々(がくがく)の議論はもとより、経営者と社員間で火花を散らし激論を戦わせる土俵が用意されていることが重要です。それにはトップの度量や情熱が必要になります。

意識改革から始まる改革が、人を惹《ひ》きつけ、組織を強くして止め処もなく求心力を高めていくのです。そして、何にも代えがたい実務で学ぶ成功体験が自ずと経験知となり、これが自信につながって行くのです。人は仕事の楽しさ、厳しさを知り、会社や世の中に貢献できる人間性豊かな人材に育って行きます。人が組織を作り、組織が人を作る、これが求心力だと思います。企業は、「経営陣の熱く燃え滾る熱い魂そのもの」によって変わるのです。

東色ピグメント㈱専務取締役　曽山美和
〒124-0012東京都葛飾区立石6-37-14
http://www.toshiki-p.co.jp/

注・参考文献

1）呉善花著『日本が嫌いな日本人へ』ＰＨＰ研究所　１９９８年ｐ１６１〜１６６
2）『致知』致知出版社　２０１１年2月号ｐ36〜39
3）水口健次　１９３２年—２００８年、日本マーケティング塾の創設者の一人
4）編集長・田口香世取材『Value creator』２０１１年7月 Vol. 314 ｐ12〜18
5）京都大学大学院教授講演「現代人は伝統文化から何を学べるか」
6）『日経ビジネス』２００８年8月25日号ｐ33
7）奥井俊史著『巨象に勝ったハーレーダビッドソンジャパンの信念』丸善　２００８年

第4章　基本は人間力・マーケティングのこれから

効率化とスピードを優先する米国型経済合理主義は行き詰まり、論理、実証、分析に基づく米国型マーケティングにも限界が見えてきました。

今ほど日本企業に「日本らしいマーケティング」が求められている時代はありません。その背景と重要性については第1章から第3章をとおして、事実に基づき、歴史的視点と多くの事例、経験談を織り交ぜながらさまざまな角度から提言しています。その内容から「おかげさまの心、心くばり、共生の心、心の空間…」という〝こころ〟が1つのキーワードになっていることに気づかれたのではないでしょうか。日本人としての精神性や人間性を見つめ直すことが、今、経営・マーケティングに求められていると思います。

マーケティングを実行するとは、心を持ち、異なる価値観を持った一人ひとりの人間がその場に応じて行う立ち居振る舞いの積み重ねです。この立ち居振る舞いが1つの大きな方向に向かうとき、日本という国も組織も新たなステージに進化を遂げると確信します。

本章ではそのことをどのように実行していくかを思い、「基本は人間力、マーケティングのこれから」と題して論を進めていきます。

1　関係性を大切にする

(1)　日本人の精神性が真の付加価値をつくる

自分の周りにいる人たちを犠牲にして、その人たちの不幸を目の当たりにしながら自分だけが幸せだと感じる日本人はいません。誰もが当たり前のように備えている「他を思いやる心」とは、自分という個の前に優先すべき他者があり、周りの人たちの支えがあってこそ、自分があると自然に思う心です。日本人の精神性とは何かといえば、こうした謙虚さと真摯《しんし》さに基づく「関係性を大切にする心のあり方」と言えます。

この日本人の精神性と付加価値について考えを述べてみます。

顧客に提供する商品やサービスの差別化、あるいは商品・企業としてのブランド力などを総称して一般的に付加価値と言っていますが、「真の付加価値」とは何かについてもう一度素直な気持ちで考え直す必要があるのではないでしょうか。

真の付加価値とはモノやコトではなく、マーケティングの過程でお客さまと関わる「一人ひとりの立ち居振る舞い」そのものです。当然ながら感謝の心なくしてお客さまと向き合うことはできません。一人ひとりが自分の給与はお客さまからいただいていると思うこと、換言すれば、自分が働いている会社のコストは、すべてお客さまが負担している、と認識することが付加価値マーケティングの出発点となります。

一人ひとりがこの意義を理解することで、お客さまからの問い合わせや依頼されたことに自然と「思いやる心・関係性を大切にする心」が表れ、迅速な応対ができるようになります。過剰サービスではなく、個人として対応できる小さな気づかいによって、あの会社は素晴らしいとお客さまが評価してくれるようになるのです。

こうした小さな気づかいの積み重ねが真の付加価値であり、結果的に日本人なら誰もが大切にしてきた信頼感を形成していくのです。この信頼感こそ日本が世界に誇るブランドであり、信頼感を形成する小さな気づかいは、昔から一人ひとりが備えていた「思いやる心・関係性を大切にする心」そのものです。

しかし、その心が次第に日常の仕事やビジネスの場から失われつつあります。もしお客さまとの接点の場で効率化に追われ、余裕のない応対を余儀なくされている現実がその答えだとすれば、マーケティングの原点を企業自らが放棄していると言わざるを得ません。その結果、今まで築き上げてきたブランドが崩れてしまうことは明らかです。

米国型経済合理主義に基づく標準化・効率化が現場、特にお客さま接点の現場にまで及ぶようになった今日、「真の付加価値」とは何かを企業自らが真剣に問いかけ、その答えを出していかなければなりません。

(2) 信頼とは人が関係性の中でつくり得る唯一のもの

開発、調達、生産、営業、流通、スタッフなど、企業は実にさまざまな組織と機能で構成され、成長に向けて各々が必死の努力を続けています。

しかし、こうした機能と組織が立案し、完璧とも言える論理的マーケティング戦略に基づいて市場に出した商品が、なかなか期待どおりの成果を出せずにいます。

そしてパッケージが悪い、プロモーション策の見直しが必要など、充分に検討したはずのマーケティング戦略そのものに疑問を投げかけ、責任を他部門に振り向けることに終始していきます。なぜ部門間で何度も議論と検討を繰り返しながら進めてきたにも関わらず、こうした状況になってしまうのでしょうか。

第1の理由は、三遊間業務を積極的に拾う人がいなくなったことです。

組織の拡大・多機能化に伴い、自部門内での調整も大変なのに、他部門との面倒な調整などは回避したいと思う人が増えているからです。

事業の成長に伴って組織は拡大・多機能化され、より専門化していきます。そうなれば自然に原則重視、例外回避の考えに陥り、自部門の専門領域範囲としての判断が優先され、他組織の業務領域に踏み入ることを回避します。

大きくなった組織は次第に人格を備えるようになり、自分を優先して考えるようになっていきます。プロジェクトで動いている時は全員が活《い》き活きとし、変化を積極的に取りこみながら成果を上げていきます。しかし、グループから課へ、課から部へと組織が大きくなるに従って、いつしか三遊間業務を拾う人がいなくなってしまいます。

三遊間業務を積極的に拾うことが仕事の幅を広げ、思いやる心と関係性を高め、一人ひとりの成長につながり、結果的に部門間の壁を自然と取り払う最善の方法だと誰もが分かっているのですが、残念なことです。

第2の理由は、今までのやり方を変えることで、余計なトラブルを抱え込みたくないと考える人が多くなることです。

最近は企業の生き残りを賭けた新商品・新サービスの導入が減少し、シェア回復、売り上げの維持・拡大を主要目的とした保守的マーケティングが中心となっています。期待どおりの導入成果が出なければ、その理由は市場環境の変化や営業現場の活動状況にあるとして、全社会議の場でレビューを繰り返していきます。最終的にはその理由を、論理的説明が難しい営業活動にあるとするケースが増えています。

営業の仕事は、会社を代表する人間としてお客さまとの関係性強化に努めることです。当然、商品・サービスを前面に出すのではなく、お客さまが改善したいことや達成したいこと（ニーズ）を把握するように努めます。お客さまのニーズをステップごとに確認しながら捉《とら》えていくには、お互いの信頼がなければうまくいきません。論理的営業支援システムでは表しきれない「相手への思いと心」の領域です。

論理性に基づくマーケティング戦略は、論理を構成する項目単位に計画とのギャップを示せばいいので、うまくいかない時の自己弁護を容易にし、何度でもレビューに耐えられます。そのうち新たな商品や戦略が立案され全社の関心テーマはそちらに移り、いつしか議題に上らなくなっていきます。

さらに論理性に基づくマーケティング戦略は、曖昧《あいまい》さ、遊び心といったものをリスク発生要因として捉え、自動的に排除していきます。曖昧さや遊び心を取り入れることは今までとは違う要素を含み、今までのやり方を変えることになります。恐らくリスクを伴い、想定外のトラブルも発生します。

しかし、こうしたリスクをむしろ歓迎し、積極的に関連部門に働きかけながら市場に出したいと願うリーダーもいます。彼らは常に他部門との関係性を大切にし、信頼を得ている責任感のある人たちです。「面白い、やってみよう、責任は自分が取る」と言い切るリーダーが、もっと前面に出てきて欲しいと願わざるを得ません。

第3の理由は、私たちは人と人との〝関係性〟の中で生きていますが、こうした関係性を大切にしながら仕事を進めるリーダーが少なくなってきたことです。「こうしたい」という思いを実現させるには、「関係性を大切にする心のあり方」に基づいて、どれだけ日頃から謙虚に真摯に周りの人たちに語りかけているかにかかっています。

マーケティング活動ではあらゆるプロセスで課題に直面しますが、その都度、会議を開かなくてもリーダー同士の阿吽《あうん》の呼吸によって、それぞれの部門が自発的に動き出すことがよくあります。社内における前工程も後工程もすべて〝お客さま〟として捉え、その仕事の内容を理解し、関係性を大切にするリーダーがいるからこそ、このような自発性が生まれます。こうしたリーダーが一人でも多く出てきて欲しいと思います。

(3)　直接顔を合わせて話し合う

皆さんも、毎朝受信したメールの整理に苦労をしていませんか?

オフィスに到着すると、まずパソコンに電源を入れ電子メールを開けます。すると次々に太文字のタイトルで表された未読メールが入ってきます。社内連絡メールの場合は数人から10数人が宛先欄に並んでおり、宛名の表記も漢字は少なくアルファベットが多いため、どの部門の誰宛てに出しているのか一目では分からず、確認するのにひと苦労します。CC、BCCなど〝写し〟での宛先となると、もうお手上げです。一日に数10通は超えるメールが届くのですから。しかも〝写し〟で入るメールの中に重要度、緊急度の高いものが必ずあると経験的に分かっているので、なおさらやっかいです。

そうした時に机の電話が鳴り、「直接会って相談したいことがあるのですが」と依頼を受けたとしたら、誰でもその件を優先するのは当たり前です。そして、直接顔を合わせて話し合った後、相談を受けた案件について何とか実現させてあげたいと思うものです。その時の真剣な目と熱意が受け手の心を動かします。直接会い、話し合うことによって、その人の仕事に対する姿勢、案件に賭ける思いの強さや、自分の知り得ない深い見識などが分かります。

野中郁次郎氏はさまざまな著書の中で直接対面することの大切さについて述べています。次の文章は、遠藤 功氏との共著『日本企業にいま大切なこと』からの引用です。

「知とは、人が関係性の中でつくる資源にほかなりません（中略）ＩＣＴ（情報通信技術）が普及し、効率やスピードを優先させるようになったことで、直接顔を合わせて暗黙知を共有し、深く本質を追究するような対話ができなくなっている。（中略）まずは動きながら本質を考える。かつての日本人はみなそうで、明治維新期の脱藩志士も、死を求めて歩きながら、高度なインテリジェンスを獲得していきました。その気概をもう一度、日本人は取り戻し、ふたたび光り輝く時代に向かって歩むべきときなのです」

(4) お客さま接点の場ですべてが評価される

私自身がお客さまからの厳しい評価の場に立たされた経験談です。

私の会社はデジタル複合機メーカーの関連会社として設立され、お客さまの全国各事業所に用紙・消耗品などの製品関連商品とオフィス文具・日用品雑貨をお届けしています。

インターネットによる受発注が中心の薄利多売のビジネスですから、将来の事業成長に向けて先行投資をするためにも、収益改善を図ることが着任時の急務となっていました。

ネット通販事業で収益改善を図るには、品質を高めながら物流コストの低減に取り組まねばなりません。この相反する目的を実現するために、今までの宅配便による一元物流から、さまざまな評価を加えて「用紙・消耗品などの製品関連商品」と「オフィス文具・日用品の物流」とを分ける二元物流への切り替えをするか否か、決断を迫られていました。

物流システムはこの事業の経営基盤そのものですから、決して失敗は許されません。迷いが深まる中でデジタル複合機の用紙や消耗品を注文していただくお客さまを中心に、セキュリティ上の問題から「ドライバー（配送担当者）を特定して欲しい」との要望が多く届けられ、その他にも「いくつかの指定場所に分散して届けて欲しい」「当日配送地域を増やして欲しい」などの改善要望が日増しに強くなっていました。

コストと配送効率を考えると、今まで一元物流を担っていた宅配便会社とドライバーでは、これらの要望に対応することが困難です。しかし、こうしたお客さまの要望に応えていかなければ、今後の事業成長も図れません。お客さまの要望に応えるには、配送品質を高め、かつ配送車ごとの積載量に比例して配送単価を低減させる契約方式が必要でした。悩み抜いた末に、デジタル複合機の用紙や消耗品などの関連商品を専門に配送する物流会社と別途契約し、二元物流を実施する決断をしました。変更後の3か月を除いて、幸いにもお客さまのご理解と評価をいただきながら今に至っています。

万全の準備をしたにも関わらず、二元物流への切り替え後3か月間に、予想外の苦情が殺到しました。その大半が「以前の配送担当者がしてくれたことを、なぜ今回はできないのか」というお叱りです。そんなはずはない、なぜこうしたお叱りの言葉を受けてしまったのか、なぜ問題を起こした配送会社が特定できないのか、などの疑問が次々に浮かんできました。

お客さまに対する配送上の決め事は、一社ごとに「配送時注意書」として文書に記載されています。そしてこの注意書に基づいて配送会社間で引き継ぎが行われ、確実にその内容はシステムに組み込まれ、そのとおり配送されていました。しかし、会社の規定にはない現場の配送担当者が自らの判断で行っていた〝心くばり〟までは、残念ながら引き継ぎができていなかったのです。

こうした書類に書かれていない〝心くばり〟を一つひとつ確認するために、地域ごとの配送会社に緊急依頼をして、たとえ配送会社が変更され異なっていても、新旧の配送担当者間で書類に書かれていない内容だけに絞り、徹底的に確認し合ってもらいました。さらに並行して、親会社に所属する全国の営業マンとサービスエンジニアの積極的な協力を得ながら、配送データ内容の全数見直しも行いました。

こうして３か月間、目に見えない気遣いと心くばりの確認作業を必死になって進めた結果、以前と同じような配送がようやく行えるようになり、苦情が減少していきました。

お客さま接点の場における〝心くばり〟など、その場に応じた一人ひとりの判断による立ち居振る舞いが、お客さまからすべての評価を得ていると痛切に感じた次第です。

談話室 8

思いやる心が接点評価を生む

私が埼玉トヨペット㈱の平沼一幸社長と初対面の挨拶をした時です。事前に連絡していたのでそのまま社員用のエレベーターで上がり、胸には名札も付けていませんでした。初めての挨拶訪問にもかかわらず、すれ違う社員全員がさわやかな笑みを浮かべ、黙礼して私が通り過ぎるまで立ち止まっています。その瞬間、「この会社はすごい、信頼できる」と確信し、感動したことを今でも鮮明に覚えています。まさに、お客さま接点の場で一瞬の内にすべてが評価されることの一例です。

平沼氏との面談の際、どうしてこうしたことが徹底できるのかを尋ねてみました。「先輩がしていることを自然と身に付けただけだと思うけど…」と不思議そうに私の顔を見つめながら答えてくれました。今思い出しても深く考えさせられる言葉です。埼玉トヨッペットでは本社のショールームを「はあとねっと輪っふる」と称して、障害者の方や高齢者の方、さらには子育て支援の場としても自由に使えるように開放し、会議室など事業所施設までも開放しています。さらに整備工場を通して障害者の方に働くことの経験と場を提供し、また子育て支援事業を推進するなど地域社会貢献に努めています。

こうした地域の人たちに対する「思いやる心」、困っている人たちに手を差し伸べる平沼社長の姿を社員一人ひとりが見ているからこそ、お客さま接点の場で爽やかな応対が自然にできるのでしょう。

また、全国のトヨタ自動車ディーラーの中で常にトップレベルの実績をあげ続け、毎年トヨタ本社から表彰を受けていることも書き添えておきます。(記 甲斐)

埼玉トヨペット㈱
代表取締役社長 平沼一幸
〒338-0001 埼玉県さいたま市中央区上落合
2−2−1
http://www.saitama-toyopet.co.jp

２　常識と論理を否定する

(1)　大手市場優先を見直す

厳しい経済環境と米国型経済合理主義が相まって、各企業が構造改革を推進してきました。業務の標準化を進めることで、機能と組織のスリム化を図り、経営の効率化に努めてきたのです。その結果、確かに経費比率は下がり、売り上げが伸び悩んでも利益を確保できるようになりました。しかし、それは経営指標としての体質強化に過ぎず、大切なお客さま接点の場では逆に企業体質を弱める状況が起きています。

どのような状況下でも、営業部門はより高い売り上げ、利益の達成が求められるので、常に営業生産性の改善が要求されています。生産性を高めるには、売上規模の高いお客さま層に人員をシフトさせる市場戦略を採用します。必然的に小規模のお客さまへの訪問やフォローが手薄になるので、自社との関係性を維持するために電話・ＦＡＸ・ｅメールによる市場カバー策を導入せざるを得ません。

しかし、売り上げ規模の高い大手市場のお客さまになるほど、競合環境は厳しさが増し、より高レベルなサービスが求められます。その結果、さらに上位層のお客さまに限られた人員をシフトしていき、手薄になるお客さま層が次第に増えて行くことになります。

「上位市場優先」、誰もが当たり前と思っているB to B（企業間取引）活動です。

本当にこれでいいのでしょうか。当たり前のことですが、売上規模が小さくなるに連れてユーザー（顧客）数は多くなります。またこうしたユーザー層になるほど自社へのロイヤリティが高く企業活動に対する素直な意見、評価を語ってくれるのも事実なのです。このことに本社スタッフは気づきません。まさに「ユーザー（顧客）をノンユーザー（非顧客）化」したマーケティング戦略を誰もが疑おうとはしていないのです。

営業現場の皆さんは、次のことを忘れずに活動してください。

現在の営業システムでは商談進度を上げることが直接訪問（ダイレクト・コール）と定義され、有効訪問件数としてカウントされます。本当にそれだけが直接訪問でしょうか。特別なお客さまを訪問してからの帰り道にふと立ち寄って、一言「お元気ですか」と声をかけ、何気ない会話をやりとりする訪問は軽視されます。しかし報告システムにはカウントされない、こうした帰り際に挨拶を兼ねた立ち寄り訪問（ワンモア・コール）の積み重ねの方が、むしろ自然な心の通い合いを生み、目に見えない信頼を確実に築いていきます。

短い挨拶とわずかな対面の積み重ねは、必ず善意の見返り（good return）となって返ってきます。

なぜか、どの会社や組織でも、この立ち寄り訪問を営業の有効訪問件数と見なしません。「ユーザーのノン・ユーザー化」が進行していることの反省をしなければ、お客さまの心は自社から離れ、不満を抱いたまま本当にノン・ユーザーとなってしまいます。いや、すでに現実化していると言っても過言ではありません。

効率化で失った小手市場こそ、「ロイヤリティの高い大切なお客さま」なのです。

(2) 「最大」の努力で「最小」の効果、が真実

企業が効率化とスピードを優先するようになり、その結果、最も大切なお客さまとの信頼、絆を失いつつあることを、これまで述べてきました。もう1つ失いつつあるものがあります。学生の頃から「最小の努力で最大の効果」を当たり前と教えられてきた社員は、「突き詰めて考える、考え抜く」といった仕事をする上で最も大切な「深さ、広がり、つながり」を熟考する余裕を持っていません。

課題が発生したら、反射的に教科書どおりの対策がすぐに浮かんでくることもその表れです。現状を分析し、課題を形成している要因を抽出し、要因に対する対応策を打ち出していくといったセオリーに従っていれば、確かに平均点は取れます。しかし、マーケット

は生き物であり、変動する要素が多種多様です。平均的思考で答えを見い出すことはできません。起きている事実の全体を捉えた上で、異常値に目を向ける余裕がないからです。異常値にこそ真実があるのですが……。

努力といえば誰もが受験勉強を思い出します。試験に出る問題が一所懸命準備したことのごく一部しか出ないこともよく分かっています。予想が当たり、たまには幸運と巡り合いますが、好成績を残した理由をあとで振り返ると、学んだことの「深さ、広がり、つながり」を考え、必死になって最大の努力を続けたからこそ、「最小の効果」として提示される限られた問題に答えを出すことができたのだと気づきます。

「最大の努力で最小の効果」、仕事も含めてすべてをそう考えることが正しいのです。日本人の持つ「真摯さ」に相通じるものがあるとは思いませんか。

(3) 異なる企業文化を学び合う

今、マーケティング部門の皆さんに求められているのは、異なる領域と要素を融和する創造力です。日本人はもともと「和魂漢才」「和魂洋才」という言葉に代表されるように、中国文化を取り入れた古代から、西洋文明を取り入れた明治期を含め、異文化を日本文化に融和させ、独自の技術や文化として進化させる能力を持っていました。

企業においても創業時は異なる領域と要素を自然に融和させながら進めてきた人材がいました。多様性を活かした商品開発とマーケティングを行ってきました。

そうした人材とプロセスがいつの間にか、企業成長の過程で置き去りにされています。なぜでしょうか。その理由として、企業が成長する過程で自然と形成されていった、負の企業文化が考えられます。「業界常識に固執する」「組織の拡大につれて失った自由闊達《かったつ》さ」「事なかれ主義」などの企業文化です。

こうした企業文化を察知し、人事部は社内研修制度を充実・強化させます。しかし、同じ会社の社員研修では、たとえ複数部門を集めても、その段階ですでに基本合意の7割は形成されています。同質化された環境ではユニークな考えは抑制され、参加者が主催事務局の期待する答えに収斂《しゅうれん》するのは当たり前です。

創業時の〝多様性〟を今一度企業文化として根づかせるには、異業種、他企業との社外研修に人材を送り出さねばなりません。しかし、多くの企業が現状ではＢＣＰ（Business Continued Plan：事業継続計画）の要《かなめ》となる人材育成投資を費用と捉え、徐々に削減しています。

ＢＣＰを表面的なリスク対応計画として捉えている気がしてなりません。

(4) 声なき声を聴く

相手の本音を聴きだし、語ることは人生の中でも難しい問題の1つです。本音を語ることで相手を傷つけてしまう、相手の立場を悪くしてしまうのではないかと考えるのが、日本人としての気質だからです。しかし、ビジネスの場では相手の本音を聴き出さない限り、期待どおり仕事を遂行することはできません。誰もがこの点に最大の努力を払います。

経営者の立場であればなおさら社員一人ひとりの本音を聴きたいと強く思っています。しかし、これが簡単ではありません。経営トップが社員と直接語る場を設けたいと思い、その旨を担当部門に伝えると、すぐに経営トップの予定に合わせて日時は決まります。当日は社内課題への改善策といった前向きな意見が出てきますが、本音は経営トップに日頃感じている疑問や苦情を言いたいのです。しかし、社員が疑問や苦情を伝えた後、「余計なことを言わないでくれ」との連絡が現場に入ってくる経験を、マネージャーは過去に共有しています。疑問や苦情を聴いた経営トップはすぐ改善するように関連部門に伝えますから、関連部門はそのフォローに追われます。こうした対応協議のプロセスを経ていくに連れて、何となく暗黙のプレッシャーが全体に働き、次第に本音が消えていくようになります。

そうは言っても、従業員満足度の向上は企業経営上の重要な指標ですから、社員の本音を聴き出すための継続的な努力は今後も必要です。

その上で問題とすべきは、無言で何かを訴え続けているお客さまの声です。その声なき声をどう聴くかに、マーケティングのすべてがかかっています。それはアンケート方式の市場調査やウェブ調査では決して知り得ません。現場に出向いて素直な心で社員とお客さまの動き、関心がどこにあるかを見つめるしか方法がないのです。ニーズやシーズといった言葉では言い表すことができない、お客さまの声なき声を聴き取ろうとする真摯な姿勢が今こそ問われています。

以下、永井政之氏が監修した『ふっと心がかるくなる禅の言葉』）の一節「声なき声はどこで聴くか」からの引用です。

「隻手　音声《せきしゅのおんじょう》とは、〝両掌《りょうしょう》相打って音声あり、隻手《せきしゅ》に何の音声かある〟という公案（参禅する人達に考えさせる問題）です。両手を打てば音が響くが、片手ではどんな音がするか？打てない片手の音をどう聴くかという、江戸中期の禅僧、白隠の有名な公案です（中略）。

隻手音声に何か意味のある答えを出そうとしても無駄でしょう。ただ体中を「？・？・？・」

で埋め尽くすだけでもいいのです。声なき声は、耳ではなく、全身全霊でしか聴きとることしかできないのです」

3 現場力を最優先する

(1) 優秀な現場を再認識する

国内経済環境は危機的状況にあると、日々マスコミで取り上げられています。この危機を乗り越えるために、M＆Aなど積極的な成長戦略に取り組む企業も多くあります。投資銀行やコンサルタント会社にアドバイスを求め、数十億から数百億の投資をしていますが、期待した成果を得ている企業が少ないのもまた実情です。

成長にはイノベーションが必要だとすれば、その答えはM＆Aでなく現場にあります。イノベーションが起こるケースは2つです。1つは真摯な姿勢で知恵と工夫を積み重ねている現場から起こります。もう1つは異業種・異業界から起こります。いずれにしても他者と共鳴し合う場と関係性を大切にする心を重視し、優秀な現場を活かしてさえいれば、自社から成し得ることも可能です。

イノベーションは突然起こるものではありません。現場における日々の小さな努力が進化の源泉となり、その積み重ねによって技術革新が生まれることを認識する必要があります。

(2)　成功と失敗の要因

企業の成功と失敗の要因は、経営学者によってさまざまな仮説に基づいて研究されていますが、納得できない点も多く含んでいます。その仮説が、組織体制に始まりコア事業と新規事業とのリソース配分など、業績に影響する要素を中心としているからです。特に、「営業現場」について書かれている箇所はほとんどありません。お客さまの不満と満足の双方に直接かかわり、日々厳しい競合と向き合っている営業現場にこそ、真の要因があるのですが。

マーケティングについても同様です。成功と失敗の要因は最前線にいる現場が分かっていますが、マーケティング担当者と責任部門は素直に耳を傾けません。失敗した要因の大半を占めているのが社内特有の要素でありながら、うまくいかないのはマーケティング戦略とその展開プロセスにあると思い込んでいるからです。

お客さまに直接かかわっている現場、自分たちの仲間である現場の意見をなぜ取り入れようとしないのか、不思議でなりません。最前線にいる現場には自社の商品・サービスから得られるお客さまの笑顔を、そのまま営業力というエネルギーに換える要素やアイデアがあります。こうした現場の気づきや意見を活かしていくことが成功の力となり、組織の力となっていくのです。

(3) 和の精神に支えられた現場力

「結《ゆ》い」という言葉をどこかで聞いたことがありませんか。

ゆいとは、小さな集落における共同作業の仕組みのことです。一人で行うには多大な費用と期間、そして労働力を必要とする作業を集落の住民総出で助け合い、協力し合う相互扶助の精神で成り立つ仕組みです。

沖縄には「ゆいまーる」と呼ばれる言葉と習慣が残っています。「ゆい」は「結い（共同、協働）」であり「まーる」は順番の意味です。見返りは期待せず、相互扶助を順番に、かつ平等に行っていくことが「ゆいまーる」です。サトウキビ畑の収穫の際、何人かが集まり「ゆいまーる」が組織され、一致団結して一件ずつ順番にすべてのサトウキビ刈りを行う姿を思い浮かべればよく分かります。

「One for All、All for One（一人は皆のために、皆は一人のために）」という言葉を、どこかで聞いたことがあると思います。ラグビーの精神を表す言葉ですが、日本人として素直にうなずける響きを持っています。

「和をもって貴しとなす」は日本人に最も知られた言葉です。聖徳太子による十七条憲法の第1条に書かれています。原文では、「上の者も下の者も協調・親睦の気持ちをもって論議するなら、自ずからものごとの道理にかない、どんなことでも成就するものだ」となっています。日本人としての精神的基盤である「和の精神」は、こうした長い歴史と共に形成されてきました。上司も部下も、部門間の垣根を超えて仕事を進め、論議を尽くしてことに当たる「和の精神」、まさに日本企業の強さの原点がここにあります。

残念ながら株主・株価第一主義といった米国型経済合理主義が主役に躍り出てから、こうした強みが後退していきました。しかし生産現場、営業現場では「和の精神」なくして仕事は進められません。この精神が後退しているのは、企業戦略・事業戦略を担っているスタッフ部門ではないかと思います。

スタッフ部門が立案した戦略を実行するのが最前線にいる現場です。日々お客さまの不満と満足の双方と向かい合い、競合と戦っている現場は戦略の間違いを「和の精神」で補完しながら、お客さまの維持拡大に懸命の努力で取り組んでいます。このことをスタッフ部門は忘れて欲しくありません。それでもなお、自ら出向かず部下を現場に行かせるスタッフ・マネージャーがいるならば、自社のコストを負担しているのは大切なお客さまなのだ、というマーケティングの原点すら忘れてしまった単なる傍観者に過ぎません。マーケティング戦略を担当するスタッフであるならば、なおさらのこと積極的に三遊間業務を拾い、現場に自ら出向いて戦略実行上の不具合を確認することです。答えは現場にしかありません。

(4) 三現主義の実践

三現主義とは「現場、現物、現実」の「三現」を重視し、机上ではなく実際に現場で現物を観察して、現実を認識した上で問題の解決を図らなければならない、という考え方のことです。現在はＩＴ（情報技術）とインターネットを活用して、膨大なデータや情報を獲得・蓄積して現実を容易に知ることができるようになりました。その反面、「自分の目で確かめ」「自分の耳で聴き」「自分の肌で感じる」ことをせずに、机上でデータや情報に基づいて分析し、現場で発生していることを理解したと錯覚して、誤った判断をしてしまう人が増えています。

データはあくまで現状の結果を表わしているに過ぎません。むしろ大切なのは、情報が容易に手に入る利便性の代償として失ったものは何かを振り返ることです。どのようにして自分たちの会社が今の市場ポジションを得るようになったかを振り返ってみてください。創業時に資金繰りと取引先との交渉に苦しみ、どれほど大変だったのか、すべて現場、現物、現実として受け止めて凌《しの》いで来たはずです。小さな規模からスタートしたときには当たり前と思っていた創業時の原点に戻って、もう一度自ら現場に出向き、自分の五感をとおして現物を観察し、現実を認識した上で、問題の解決を図るようにしませんか。そうすることで、将来に向けた正しい判断とは何か、進路とは何かが必ず掴みとれるはずです。

(5) 言行一致のマーケティング

言行一致のマーケティングとは、自社内の課題解決に取り組み、実際に期待効果をあげた社内実践事例をお客さまに提供していくマーケティング手法のことを言います。成功事例よりもむしろ、そこに辿《たど》り着くまでの失敗プロセスのほうが、お客さまの共感を呼びます。その理由は、お客さま自身が抱えている経営課題に対して、社内プロジェクトを発足させ、改善に取り組んでいるものの、思うような成果を得ていない事例だからです。

失敗した自社の事例とプロセスを正直に紹介することで、かえってお客さまはその内容に強い関心を示し、自分たちと同じような失敗プロセスを経ているのだと安堵《あんど》してくれます。その後、いわば仲間としての親近感が生まれ、もともと紹介したかった成功事例に素直に耳を傾けてくれるようになります。こうした経緯を経て信頼感が生まれ、共に悩み、共に課題を共有し、共に解決に取り組んで行けるようになります。

まさに実践ソリューションマーケティングです。しかしこうしたマーケティングを実践するには、真のお客さま第一主義と言える「すべてをお客さまに」という経営者の強い意志が必須です。信頼を得ているお客さまに、自社の失敗プロセスも紹介することを前提としているので、経営トップのぶれない方針展開と言動の支えがなければ営業現場が混乱してしまうからです。もちろん、社内実践事例ですからその内容は多岐にわたります。自社技術に限らず他社の製品・サービスと組み合わせた事例も多くなるので、最終的には今まで以上の高い信頼を得ることができます。経営トップの強い意志に支えられたこの実践マーケティング手法を、「言行一致のマーケティング」と呼びます。

4　老舗《しにせ》企業に学ぶ

(1)　老舗企業の承継精神・存続意志から学ぶ

日本には創業百年、二百年を超える老舗企業が数多く存在し、今なお地域社会において尊敬され、成長を続けています。日本経済新聞が「200年企業―成長と持続の条件」として連載していた特集記事を読み返しながら、改めて「老舗」とは何か、をきちんと理解したいと思い立ちました。関連書籍を調べていたところ幸いにも京都府が開庁百年を記念して昭和45年（1970年）に出版した『老舗と家訓』という思いの込められた書籍に巡り合うことができました。

この書籍の第3編に、西村大治郎氏（創業四百年を超える室町の老舗染呉服製造卸・千《ち》吉《きち》株式会社12代当主）による「老舗の哲学―存続への意志―」が掲載されています。そこに寄稿された原文から引用させていただき、今後の企業経営、マーケティングのあり方について再考したいと思います。

―「老舗」とは「先祖代々から続いて繁盛している店」という意味で捉えるのが適切であり、「あらゆる苦難に耐え、創業者の志を継いで幾世代にわたって続くこと」及び「今もなお繁盛していること」の2点を満たして老舗と呼ぶ―としています。

そして「老舗の哲学」と題して以下のことをあげています。

■つねに自己革新を繰り返さねばならない

老舗性を否定することによって老舗は存続を許される。

その意味で経営革新が絶え間なく断行されなくてはならない。

■つねに人材育成をはからねばならない

人間を尊重し、つねに人材養成に力点を置かねばならない。また店舗の近代化や雇用制度の改革などを行い、「歴史は古く、経営は新しい」に努めねばならない。

■つねに地域社会への奉仕を心がけねばならない

老舗の存続は地域住民の支援と協力によってはじめて可能となる。老舗は地域社会の誇りであり、地域住民の心のよりどころであらねばならない。地域社会のニーズに対して物心両面からこれに応え奉仕し、積極的に地域の振興をはからねばならない。

■世間の賞讃を得て世代に引き継ぐ

手段を選ばず他人に迷惑をかけて繁盛するのではない。

道理は生きており、理非をとり違えた商売は結局成功しない。多少の起伏はあっても安定した成長をし、世間の審判に耐えうる堂々たるものでなければならない。

■善意を貫く

世間から信用されるということは、善意を貫くことに帰する。

暖簾《のれん》を英訳すれば、グッド・ウイル（good will：善意）となる。

暖簾は信用の象徴であり、決して傷つけてはならない。信用は一朝にはできないが、心ないあやまち、ふとした不注意によって失われやすいものでもある。

以上は書かれた内容を要約・抜粋したものですが、さらに印象深いのは次の文章です。

「つねに謙遜を徳とし、善徳を積むことが世間に信用をうる絶対的条件である。世間は公平であり、老舗はその審判の座に立ってなおこれに耐えうるものでなければならない」

(2) 老舗企業の日常性に学ぶ

創業270年の老舗企業が埼玉県秩父市にあります。近江商人の末裔《まつえい》企業として知られる矢尾百貨店、矢尾本店（酒造）、メモリアル秩父の3企業で構成される矢尾グループです。長期繁栄ができたのは、近江商人の共通理念である「三方よし（売り手よし、買い手よし、世間よし）」の考え方を代々受け継いできたからといえます。現在は長男の矢尾琢也氏が九代目当主としてその任を引き継いでいますが、八代目当主として40年近く矢尾グループを牽引されてきた矢尾直秀氏（矢尾グループ　現取締役会長）と面談する機会を得ました。

以下、その内容をまとめてみましたので、談話の中から学んでいきたいと思います。

● 革新とは突然できあがるものではなく、日々一人ひとりが気づいたことを着実に行っていく積み重ねの結果である。お客さまが気づかないうちに、少しずつの変化を遂げていくことが革新となる。現在《いま》は誰もが理解し、覚えやすいように「いつもと違う、いつもの矢尾」という言葉に置き換えている。

● 商売とは商いの場を借りること。近江商人は近江を本宅・本店とし、他国へ行商した商人の総称で、「他国の土地を借りて商売をしている」という意識を強く持っていた。

この基本となる精神に基づいて地域社会への貢献、利益還元に歴代当主は力を注いできた。この精神を受け継がずして、地元から信頼される商売を続けることはできない。

● 歴代の当主が記した書物の中に繰り返し出てくるのが、「陰徳を積む」という言葉。人知れず陰ながら善行をするようにと、歴代の当主が大事にしてきた商売上の心構えのこと。近江商人の共通理念である「三方よし」の精神、すなわち「商売は売り手と買い手の利益だけでは不十分で、その地域全体にも利益があることが必要」に通じている。現在の言葉に置き換えると、CSR（企業の社会的責任）を重視した経営に同じ。

● 人材は得るものではなく、育てるもの。創業の精神が、人を育て、お店に繁盛をもたらす。矢尾で働く一人ひとりに対し、「陰徳を積む」を創業者の精神として伝えていかねばならない。お客さまに何度も喜んでお店に足を運んでもらうためには、お客さまに限らず、すべての人たちに対してこの精神によって皆が動くしかない。

● 地域住民の信用獲得が大事だとする長年受け継いできた商売の考え方を、今後の当主も受け継いでいかねばならない。270年にわたる長期繁栄ができたのは、地域の人々の支持を集められた結果に他ならない。

以上が直接伺って、話をした内容をまとめたものです。

ゆったりとした穏やかな会話をとおして、多くの教示を得ることができました。矢尾氏は近年、近江商人の共通理念である「三方よし」を語る当主としてCSRセミナーや企業セミナーなどの依頼を受け、その都度、興味の湧《わ》くエピソードを交えながら講演しています。

老舗の家訓、経営理念には日本マーケティングの源流があり、これからの日本企業にとって羅針盤であることに間違いはありません。

この点を考えると、現在もなおドラッカーの著作の多くが日本人に広く読まれている理由として、著者の経営、マネジメントを論じている内容・論旨に、老舗の家訓と経営理念と共通するものがあるからだと思います。

「歴史は古く、経営は新しい」との言葉に代表される老舗企業経営姿勢から、現代経営は素直な姿勢で学ぶ必要があると確信します。

「伝統とは革新である」、この言葉がすべてを物語っています。

談話室 9

おくどさん

矢尾グループ会長の矢尾直秀氏から聴いた「おくどさん」のエピソードです。“おくど”とは竈（かまど）のことで、京都では食べ物や事象に「お…さん」をつけて呼ぶことが当たり前になっています。それで竈のことを「おくどさん」と言います。

昭和45年（1970年）矢尾商店に百貨店営業許可が下り、第1期の増改築をした際の話です。増改築に当って役員会で増床の検討をしましたが、商店の裏側に残されていた昔の建物（店員の住み込み用住居）を撤去して増床を図るか否かで議論が分かれました。

反対意見を述べる役員たち（当時は番頭さん）は声を揃えて、「おくどさんが無くなってしまいます、建物はそのまま残すべきです」と発言したそうです。住み込み用住居にある大きな竈（おくどさん）が無くなれば、大量の炊き出しができなくなってしまうことがその理由です。創業以来、矢尾商店は飢饉が起きると本業の酒造に使うお米を炊き出しにして、地域の人々に施してきました。明治17年（1884年）に発生した「秩父事件」でも最大の商家だった矢尾家は襲撃されず、打ちこわしを免れましたがそうした功徳のおかげでした。武装蜂起した農民のリーダーが「ここは不正の行をなす家にあらず、破却あるいは焼却などのことは決していたさず」と伝えた事件記録が正式なものとして残っています。最終的には当時の役員会の場で建物をそのまま残すとの結論に至ったそうです。昔を懐かしむようにこの話をしながら、経営の効率よりもっと大切な信用をなくしてはならない、家訓ともいえる「陰徳を積む」ことが暖簾の重みですと終わりに締め括ってくれました。日本らしいマネジメントの姿であり感動を覚えます。（記 甲斐）

矢尾グループ（矢尾百貨店、矢尾本店、
メモリアル秩父の３株式会社で構成）
取締役会長　矢尾直秀
〒368-8680 埼玉県秩父市上町1-5-9
http://www.yao.co.jp/

５　人間力を基本に据える

今、マーケティングの世界では多くの困難が発生していますが、こうした状況を生んでいるのは一つひとつの困難が互いに関連し、複雑に絡み合っているからに他なりません。すべてを貫く基軸を変えるしか解決策はありません。方法論ではなく基軸となるもの、それが何かを考えていきましょう。

(1)　変わらぬものと変わるもの

変わらぬものとは、「変えてはいけないもの」と同一に考えるべきものであり、企業として基軸となるものです。企業の社会的責任（ＣＳＲ）として経営理念、企業理念に掲げているものです。この考え方は、日本の老舗企業が数百年前から商売を継続し、繁盛させるために当たり前として行ってきた地域社会での信用と役割そのものでした。

企業も異なる価値観を持った一人ひとりの人間の集まりです。ＣＳＲを理解し、実践するのはそれぞれ個人です。つまり「変えてはいけないもの」、それは一人ひとりが行う立ち居振る舞いに他なりません。長い歴史のなかで日本人として育《はぐく》まれてきた精神性は、誰もが自然に内在化させているものです。それは〝謙虚さ〟と〝真摯さ〟に基づく「関係性を大切にする心のあり方」です。日本人としての立ち居振る舞いがCSRの原点です。これを変えたり、後退させる経営要素は取り除いていかねばなりません。

「変わるもの」、それは少子高齢化や環境問題などの社会環境であり、欧州政府の債務問題など国家、国際間の経済問題など1個人1企業では対応できないものです。

しかし、その「変わるもの」を乗り越えていかねばなりません。そのために必要とされるのは、経営トップの態度と資質です。日本中がバブルに酔いしれていた頃、どの企業の財務担当者も金融投資に励み、本業で時間をかけて得る利益をあっと言う間に手にしていました。そうした中にあって、本業に専念することを今だからこそ大切にしなければならない、と金融投資をかたくなに戒めた経営者もいました。バブル崩壊後の姿がどうであったかは今さら言うまでもありません。しかし、今なおバブル崩壊後の損失隠しを続けていた日本企業が存在し、経営トップが直接関与、指示していたことなどが発覚しています。

変わらないもの、すなわち変えてはいけないもの、それは一般社員から経営トップに至るまで、一人ひとりが日本人としてもともと備えている〝謙虚さ〟と〝真摯さ〟です。それらを再認識することが「関係性を大切にする心」となり、持続的な行動を生み、社会に認められ信用を築きあげていくことにつながっていくのです。

(2) 関係性の中で人は成長していく

誰もが仕事をしてきたなかで、心が折れそうになるほどの困難に遭遇した経験があると思います。その困難を乗り越えてから、仲間を思いやる心や判断力が自然と身に付いていることに気づきます。困難を通して仲間がお互いに励まし合いながら部門の垣根を取り払い、一つひとつ壁を乗り越えていくものです。

異なる環境の人間同士が、お互いに共通する障壁を乗り越える関係性を得るからこそ、マネジメント力も身に付いていきます。

「管理」とは上位者から下位者への指示ですが、「マネジメント」は人間関係性をいかに創りあげるかと同義語です。さまざまな上司と出会い一緒に仕事を進めてきました。別組織となっても尊敬を続け、その人のためなら今でも必死になって仕事をしたいと思う上司がいます。こうはなりたくないな、と思わせる上司もいます。

しかし、私たちはすべての上司との関係性をとおして「自分がこうありたいと思うマネジメント像」を学んできたのです。私たち一人ひとりは周りにいる人たちとの関係性のおかげで、現在の自分があります。次の時代を担う後輩たちが、あなたの姿を、あなたの人間性を確かな目で見つめていることを忘れないでください。

(3) コミュニケーションと信頼

誰もが一人で仕事をすることはできません。周りの人の支えがあってこそ仕事が前に進み、人生を歩むことができます。「人（ひと）」という定義は難しいと思いますが、人と人との間（あいだ）と書いた「人間」と表現すれば、誰もが自分なりに説明できます。

人と人との間には言葉を介したコミュニケーションが必要です。そのことによって人と人との間に信頼が生まれ、心のつながりとなっていきます。信頼の強さはその人の言葉に込められた思いがどれだけ真剣なものかで決まります。

「言霊《ことだま》」とはその言葉に宿る不思議な働きを意味していますが、相手を思い、周りを気づかい、お互いの成長を願う気持ちが素直に言葉となって出てくれれば、必ず信頼は生まれてくるものです。

(4) すべては人間力に帰する

多くの困難が互いに関連し、複雑に絡み合っているマーケティングへの対応策を考えるには、一つひとつの要因を貫く基軸を変えるしかありません。

それはこれまで語り続けてきた、日本らしさであり、〝らしさ〟を形成する日本人とし

談話室 10

人づくりは徳づくり

さいたま市に昭和48年（1973年)、24歳の若さで清掃業を主体に創業し、現在では総合ビル管理会社としてグループ全体で1,700名を超える従業員規模に育てた毎日興業㈱の田部井功氏がいます。好きな言葉である「明るく楽しく前向きに」と同様に、いつも笑顔を絶やさず、一緒に話をしていると何となく温かい気持ちにさせてくれる不思議な人です。社名は“毎日積み重ねる仕事”である清掃業から始めたことに由来します。

社業がようやく順調になり始めた頃、苦楽を共にしてきた幹部社員が飲酒運転で罰せられました。中心人物には15箇所のごみ置場の清掃を6か月間、他２名には各10箇所・3か月間の清掃懲罰を命じました。

創業時、「氷川神社」に営業して幸運にも披露宴会場の仕事を受託したこともあって、田部井氏も市民会館大宮に面した氷川神社の参道を1年間清掃することを自らの戒めにと課しました。早朝の澄んだ空気に包まれながら仕事のヒント、思いやる心などを清々(すがすが)しい気持ちで考える機会を得たそうです。その後、宮司の方を始め地元有力者の氏子代表の方々が応援して下さるご縁を得て、氷川神社に守られ地元の人たちに育てられ支えられて今の会社があると社員に語り続けています。

また故郷である群馬県高山村の村おこしに取り組み、定期的に地元大宮アルディージャの試合で障害者と一緒になって500人規模の手話応援をするなど、実に多岐にわたる地域社会貢献活動を行っています。「人づくりは徳づくりですね」とゆったりと話してくれる笑顔にまた会いたくなります。(記 甲斐)

毎日興業㈱代表取締役　田部井 功
〒330-0854 埼玉県さいたま市大宮区
桜木町2-292-1
http://www.mainichikogyo.co.jp

ての精神性と人間性だと確信します。この精神性と人間性を融和し、関係性を大切にしながら前に向かうものとして「人間力」という基軸に辿り着きます。

この基軸が漠然としたものに思われたならば、第1章からざっと読み返していただければ幸いです。各章の内容はそれぞれが最前線レポートとも言えるもので、具体的事例を挙げながら書かれている現場からの声です。マーケティングの実務に携わり、マーケティングの変革を実践し、経営の責任を担っている私たちが、見て感じて、心から実行したいという答えが、「人間力を基本に据える」ということです。

私たちは人とのつながりを大切に引き継ぎながら、日本の歴史を重ねてきました。人とのつながりは、世間に恥じない生き方をしていかねば成立しませんでした。

自分という個の前に他者があり、地域社会がありました。数百年を超えてなお繁盛し続ける老舗の経営とは、何をしてきたのでしょうか。それは方法論でなく、凛《りん》とした「Good will（善意）」を貫きとおした姿勢、立ち居振る舞いです。存続をかけて店舗《みせ》と個人の品格を磨き上げ、人間力を基本に据えた経営とマーケティングを実践してきたのです。

否応なく進むグローバル化のなかで、企業が社会的存在として成長し、世界で存続していくためには、これからのマーケティングを「日本らしさ」にこだわり、「人間力を基本に据える」ことを真摯に捉え、実践していかねばなりません。

談話室 11

システムは共同で競争は店頭で、の原点

1984年、日雑ＶＡＮ運営会社「プラネット」が誕生する以前の日雑流通では、それぞれのメーカーが独自のコンピューター端末を卸売業において、いち早く販売情報を掴むことに狂奔していました。業界から見ると二重投資・三重投資です。当然の帰結として「システムは共同で競争は店頭で」という声が上がってきました。いろいろありましたが、この精神はプラネットという業界インフラ企業の形で実りました。

プラネットが取り組んだのは日常業務の合理化でした。毎日ＦＡＸされる発注票や郵送される仕入伝票、月末の請求明細書などのルールを決め、ＥＤＩデータ交換可能な形式にして、どんなメーカーや卸売業でもコンピューターで簡単に読み取れるようにしました。今では1000社を超える日雑業者が参加し、１日１億枚以上の取引伝票がプラネットシステムを使って迅速、性格、安価に処理されています。

このシステムは卸売流通の合理化に力を発揮し日雑流通コストを大幅に節減しました。社長の玉生は「日本のティッシュペーパーがなぜ安いのか」という言葉でこの価値を明確に語っています。今、プラネットは商品データベースを活かしたマーケティングネットワークを構築し、ネットスーパーなどの流通に役立とうとしています。業務処理へのエネルギーをマーケティングなど創造的な分野に回して、新市場を開発することが出来るようになると信じています。

㈱プラネット常務取締役　田上 正勝
〒105-0013東京都港区浜松町1-31
　　　文化放送メディアプラスビル３階
www.planet-van.co.jp/

参考文献

・野中郁次郎、遠藤 功共著『日本企業にいま大切なこと』PHP新書 2011年
・永井政之・監修『ふっと心が軽くなる 禅の言葉』永岡書店 2007年
・『老舗と家訓』京都府編集発行 1970年
・『xchange』vol.124 株式会社富士ゼロックス総合教育研究所発行

第5章　日本らしさマーケティングの実践・10のポイント

1　関係性のマネジメント

日本らしさのマネジメントとは、「関係性のマネジメント」と捉えると分かりやすいと思います。「関係性」という言葉で誰もが思い浮かべるのは、営業部門とお客さまとの関係性についてではないでしょうか。

それでは一例として、お客さまとの関係性を可視化し、業績見込みの精度を上げるためにＳＦＡ（Sales Force Automation：営業支援システム）を導入したと仮定し、関係性のマネジメントを考えてみることにします。

ＳＦＡは商談成立までのプロセスを現状把握、課題の抽出、対応策立案、提案書の作成提出、提案合意と、いくつかのステップに分け、そのステップごとにチェック項目を設けて、その項目をどれだけ塗りつぶしたかに基づき商談進度レベルを判断するシステムです。

営業プロセスの進度を可視化するさまざまな機能を備えているので、多くの企業が取り入れています。ただ見逃してならないのは、最も重要である営業マンとお客さまとの関係性、信頼感がシステムとして表しきれない点です。

そのためにマネージャーがいるではないかと疑問に思いますが、効率化の足音が現場に及んでいる昨今では、さまざまな要求が現場に求められており、優秀なマネージャー以外はシステムに振り回されてしまうのが実態です。営業組織全体のマネジメント力を向上させ、営業マンのレベルアップを図るために導入したはずのＳＦＡの盲点がここにあります。

「管理」とは上位者から下位者への指示ですが、「マネジメント」とは人間関係性をいかに創り上げるかです。営業では上司と部下の良好な関係性が必要です。そして最も重要な課題は営業マンとお客さまとの関係性構築、つまり信頼関係構築です。

大型商談になるほど、コストはもちろん提案内容と提案合意に至る営業プロセスが競争企業との間で厳しく比較されます。しかし、「この営業マンに決まって欲しい」とお客さまに思っていただけるのは、その会社の成長を心から願い、どんなことにも真摯に耳を傾け、小さな努力を積み重ねてきた「関係性を大切にしたい」という営業マンの姿勢にほかなりません。

日本らしいマネジメントとは、こうした謙虚さと真摯さに裏打ちされた人との関係性づくりのことです。システムでは表しきれない領域です。

2　戦略力を強める

戦略とはもともと軍事用語です。戦いでの勝ち方です。大局的に目的を明確にして自らが持つ資源を集中的に活用して勝利することです。戦略という言葉は企業経営に多く使われています。マーケティングでは特に戦略が重視されます。何のために、どこをターゲットにして、どのように攻め、どのようなクロージングをするかをはっきりさせないと、マーケティングは失敗します。ＰＤＣＡサイクルです。この前提には一貫した企業理念が必要です。マーケティングは消費者の利益を創る競争です。企業理念を基礎にしてぶれない経営を続けて成長している企業はたくさんあります。

カゴメは愛知の農家の出身です。創業者・蟹江一太郎のトマトに抱く心が、「飲み易《やす》くする、食べ易くする」というテーマに実って、ソース、ジュース、ケチャップと、新しい食のカテゴリーを開発して行きます。農家との契約栽培と栽培履歴の仕組みづくりも見事です。このＤＮＡが１９９５年に「野菜生活」という大ヒットブランドを生み出します。健康なトマトを土台にして健康な野菜飲料へと発展させます。企業理念は、「感謝・自然・開かれた企業」です。

開かれた企業という理念は、個人株主主義に発展して２０１０年には17万９７２人に達しています。これらの個人株主は代えがたいマーケティング資源でもあります。お客さまに直に接するチャネルにしようと、ネットを活かしたダイレクトマーケティングもやっています。トマトという素晴らしい素材を健康と美味しさにこだわって実践するマーケティングの成果は、２０１１年に売り上げ１８００億円以上という実績をみせています。

グリコ乳業という素晴らしい企業があります。グリコ乳業は利益を出しにくい牛乳に早くから〝違いと見届け〟を持ち込みました。各地に高原の名前を冠した地域ブランドを開発しました。酪農農家と契約生産はこの企業の原点です。地域スーパーの店頭に自前の小さなガラスケースを置いて、自分で商品管理をして価値伝達をするチャネルを創る経験もしました。成長するコンビニに焦点を当てて毅然《きぜん》とした取引ができる見える流通を創り続けています。牛乳という素材を活かして早くからデザート分野に進出し、カフェオレからプッチンプリン、そして今、ドロリッチで新分野を拓《ひら》いています。グリコ乳業の企業理念は「おいしさと健康―おいしさの感動を 健康の歓びを 生命の輝きを」です。

カゴメもグリコ乳業も那須に大きな生産拠点を持っています。３・11でダメージを受けましたが、ぶれない企業理念のもとにいち早い復興を見せています。2社とも市場に迎合せず、絶えず独自の分野に挑戦しています。企業理念とはっきりした目的・目標、そして実現のためにやってみせるという勇気を持っています。戦略の大切さを教えてくれます。

3　新商品のチェックポイント

新商品を発売するに当たり、自社既存商品を駆逐《くちく》しないか、単に既存と置き換わるだけにならないか、など議論になるものです。この要因は新商品に既存品との明らかな差別化が成されていないことが大きな要因です。しかし戦略上、発売をしなければならないこともあります。たとえば価格ダウンを行うための新商品、売り場維持のため、などがその例です。「やらなければライバルがやる」からです。それなりの位置づけを覚悟しているかが問題です。廃品や次年度の売り上げに影響します。次年度は何をやらなければならないかです。この繰り返しが経営にどう影響するかです。

しかし、本当の新商品は新しい需要を創り出すものです。人々の生活に目を向け、不足を補い改善することは、マーケティングそのものであります。若者は携帯電話とコンビニがなければ生きていけない状況になりました。マーケティングが安易な生活を助長するように受け取られることもありますが、誠意と真摯さがなければ、通用しないことを本書で述べました。ここでは、似たもの商品を輩出して業績を悪化させないためのチェックポイントを提案します。商品企画者は自問自答してから進めて下さい。

■他社名をつけてもおかしくないものはNG

商品企画が決まったら、商品名を書いてその上にライバル会社名をつけてみましょう。しっくりしたら、その商品は発売禁止です。自社の特長が備わっていないからです。

■一言、一行で特長を言えるか

商品特長が一言、一行で言い切れないようなものは、特長が明快でないものです。理屈を説明しないと良さが通じないものは要注意です。その場合、説明する流通の装置が完備されていなければ失敗します。

■何が既存品と違うかを質問させせない

新商品の企画案を社内で通す際、完成して発表する時にはその説明が必要です。既存品とどう違うのかの質問が出るようではいけません。特長がないのです。

■対抗する他社は何をするか

発売後、他社がどう動くかまで考えて発売しなければなりません。すぐ追随できるものか、それをさせない特長はあるか、です。他社への対策も折り込んでおくと延命します。

■商品とシステムを合体させられないか

商品利用に際し、どんなシステムに載せると、より快適、便利かです。人のかかわりはコスト増になりますが、追随を難しくします。

4　価値の保証書がブランド、メーカーの責任と流通の役割

期待どおりの品質、利用価値、売り場・接客などを保証するものがブランドです。ブランドについて鳥居直隆監修『強いブランドの開発と育成』には「消費者が商品に接した際に瞬時に行われる、認知、評価、感情、過去の記憶、さらには態度、姿勢を含む総合的な意識を消費者パーセプションと呼ぶ。マーケティングはまさにこの消費者パーセプションをめぐっての活動である。消費者パーセプションはあえて簡単に言ってみればイメージという言葉が近い」とあります注)。顧客の頭の中に蓄積されたこのイメージがブランドと言えます。顧客の中にあるものです。

サービスやオペレーションのブランドもありますが、ここではメーカーのブランドということで話を進めます。メーカーによって生み出されたものが別の事業者、流通に手渡され顧客に渡り利用される姿まで、一貫したブランド意志の統一が必要です。ブランドはメーカーだけが生み出すものではありません。流通の説明の内容、保守の良否、顧客の利用する姿もブランドとなります。利用シーンはブランドのイメージを形成します。普及して定着すると文化になります。それらを設定するのはメーカーです。責任と同時に、売上実績という形ですぐに現れてきます。

利用すべき人の集まりやすいチャネルを選び、ブランド理念を理解徹底させ、展開実行を促すことが大切です。特に付加価値ブランドは複雑な展開が要求されます。理念の徹底は社員でないと難しい面もあります。高級ブランドにはメーカーの直営のみで展開するところもあります。しかし、顧客接点の拡大によって伸長するには、直営ばかりでは限界があります。そこに必要になってくる社内と流通に対する徹底要件を付記します。

① ブランド理念のくり返し徹底
② マインドとマニュアルのダブルM管理
③ プライド意識の醸成維持
④ 教育、社員（創業時の意識）、流通の意識共有
⑤ モノ＋人＋場＋情報で達成される価値の理解徹底
⑥ 流通の選択
⑦ 流通契約と約束ごとの徹底
⑧ 流通の事業存続性・継続性の確認
⑨ 流通の育成意欲の確認、思想志向の確認
⑩ 利益の保証、顧客利益、流通利益、メーカー利益

5　非価格競争がマーケティング「ブルー・オーシャン戦略」

価格競争は、各企業から提供される顧客価値が、顧客にとってどれも同じように感じられ、同じものなら価格が安いものを選択するという消費行動から発生します。つまり提供価値の同質化が価格競争を引き起こしているのです。

このような状況から抜け出すために、企業は提供価値の差別化に取り組みます。この差別化が顧客のニーズに対応し、顧客にとってピンとくる価値であれば価格競争を回避できるのですが、顧客ニーズ不在の性能、機能アップや重箱の隅をつつくようなポジショニングなど、作り手志向の差別化に陥ってしまうと、その価値が顧客に伝わらず、価格競争をますます助長する結果となってしまいます。こうなるともはや利益なき消耗戦となり、企業の体力が勝負を分けることになります。

同質化競争から抜け出す戦略として、W・チャン・キムとレネ・モボルニュが提唱した「ブルー・オーシャン戦略」という考え方があります。「ブルー・オーシャン戦略」を一言で表わすと、「血みどろの戦いが繰り広げられる既存の市場（レッド・オーシャン）を抜け出し、競争自体を無意味なものにする未開拓の市場を生み出す戦略」ということになります。つまり、戦う土俵を変え、新たな市場を創造する戦略です。

「ブルー・オーシャン戦略」は、これまでトレードオフの関係とされていた「差別化」と「低コスト」を同時に実現するという考え方を基本としています。既存の市場に存在しない新たな顧客価値を提供すると共に、既存の市場で常識的に提供されていた価値を思い切って取り除いたり、減らしたりすることを検討します。これによって提供する価値にメリハリをつけ「差別化」と「低コスト」の両立を図ります。「ブルー・オーシャン戦略」ではこの取り組みを「バリュー・イノベーション」と呼んでいます。

「ブルー・オーシャン戦略」は、未開拓な需要を掘り起こし、これまで顧客となりえなかった新たな顧客を創造します。市場が成熟化し低成長を余儀なくされている我が国だからこそ、新たな需要創造に取り組む数多くの企業の出現が期待されます。

「我が社が対象としている市場は分析し尽くしました。そこには新たな顧客価値などありません。もしあったとしても、それはとっくに検討済みのことです」と述べる経営者がいます。新たな顧客価値はコロンブスの卵のような存在です。他企業が成功を収めた後に、「それは我が社でも考えていた」と言っても手遅れです。「ブルー・オーシャン」は考え抜き、やり抜いた企業だけが獲得できる市場なのです。

6　提案と押し売りとは全く違う

ここで誤解のないように、「押し売り」についての認識を揃えたいと思います。

訪問相手であるお客さまが何を改善したいと思っているのかを把握する前に、自社の商品とサービスの特徴を前面に出して「売りたい」という意識が先行する営業のことを、ここでは押し売りと定義します。「提案」と「押し売り」についての違いは、次の言葉に集約されますから覚えておいてください。

> ・売れないセールスは値引きをしても売れない（押し売り営業の姿）
> ・売れるセールスは感謝を待って、売ってくる（提案営業の姿）

優秀な営業はお客さまからの感謝の言葉を得てから、クロージングに入るということです。以下、提案営業について説明します。

営業の仕事はお客さまのニーズをいかに把握するかがすべてです。ニーズとはお客さまが何かを改善したいという要望であり、ビジネス目標とも言えます。そのニーズをお客さまから口に出してもらうまでが、まずは提案営業のスタートです。

次に、言葉となって表れたニーズが他の企業にとっても関心が高いことを伝え、自らも重要であることをしっかり受け止めることによって、お客さまが安心感を覚えます。

しっかり受け止めた後、そのニーズに関連する商品や会社の「特徴」と「利点」を紹介します。「特徴」は商品や会社に備わっている事実です。「利点」とはある特徴がどのようにして、お客さまのニーズを満たし状況を改善するかということです。つまり、利点とはお客さまにもたらす価値と言えます。こうしたステップを踏みながら、お客さまが改善したい要望に向けて提案内容を整理していきます。

ソリューション営業と何ら変わりはありません。いずれにしても、訪問してからどれだけ真摯にお客さまの声に耳を傾けたか、そして認識のずれがないように話し合った内容をその都度振り返りながら確認したか、が成功の鍵を握っています。

こうした振り返りと確認を繰り返すことによって、ようやくお客さまがイメージしているニーズの絵とまったく同じ絵を営業が描けるようになっていきます。そして、お客さまと共にニーズを明確に確認してから、ニーズを満たすために何ができるか、その具体的内容をお客さまに提案していきます。これが提案営業です。

その提案内容がお客さまの笑顔となって自分に向けられたときが、営業の最高の喜びであり、誇りとなります。

７　高齢化社会を活かすマーケティング、支え合いがつくる需要

日本では、65歳以上の高齢者が総人口の２割を超えています。２０２０年には約３割になると予測されています。世界をリードする超高齢化社会です。「60歳で定年を迎え、仕事を辞め、年金をもらいながらゆっくりと余生を過ごす」といったライフスタイルは過去のものとなりました。「もっと働きたい、趣味や習い事を積極的に楽しみたい、世の中の役に立ちたい」と思う人たちが急増しています。アクティブシニアと呼ばれる人たちです。彼ら、彼女らの経済活動の活性化なくしては日本の未来はあり得ません。これは消費拡大の切り口だけではありません。労働による収入拡大も必要です。元気に働いて、世の中のお役に立つ、そして収入を得ることです。収入の増加がないと消費を促進することはできません。その理由は簡単です。先行きが不安だからです。怖くて消費などできないのです。

年老いた親の心配、結婚しない子供の心配、自分の身体の心配、アクティブシニアといえども、呑気に老後を謳歌《おうか》している人は少数派です。厚生労働省から企業に対し、「65歳までの再雇用を義務化する」といった提案がありましたが、企業サイドからの猛烈な反発は避けられないでしょう。継続雇用も大事ですが、若い人たちの就労機会の妨げになっては本末転倒です。企業任せにするのではなく、アクティブシニアの起業促進や新たな雇用

創出にもっと目を向けるべきです。定年を迎えたら、やりがいのある新たな仕事があり、適度に働き収入を得て、安心して楽しく消費し、充実した第2の人生をおくるといったライフスタイルの創造です。シニアの起業や雇用促進については、一部、国の支援施策が展開されていますが、現状を抜本的に変革させるほどの大胆さはありません。民間企業においても、ＭＢＯを含む、社員の起業支援に本格的に取り組むべきでしょう。いずれにせよ、官民一体、世論を巻き込んだダイナミックな取り組みが求められます。

シニアの起業や雇用創出を考える時、昨今話題に上っているコミュニティビジネスを促進させることが有効です。コミュニティビジネスとは「地域社会が有している、環境、福祉、介護、子育て支援、まちづくり、観光などの諸課題の解決に向けて、住民、ＮＰＯ、企業など、さまざまな主体が協力しながらビジネスの手法を活用して取り組むこと」を意味します。企業に勤務して培《つちか》った専門スキルやノウハウをコミュニティビジネスのなかで生かしていくライフスタイルは、シニアにとってとても魅力的なものです。また、共存共栄の精神に基づく日本らしさを発揮できるビジネスシーンでもあります。

若者もシニアも生き生きと働ける社会づくり。互いに支え合う安心・安全な社会づくり。超高齢化社会でありながら、着実な経済成長を遂げる豊かな社会づくり。そんな社会の実現に向けた日本の姿が、再び世界からベンチマークされる時が来ることを切望します。

8　モノを届けるチャネルと価値を創るチャネル、カタコトチャネル

マーケティングチャネルは、もともと商品の売り買いの場です。所有権移転機能と言われてきました。今でも大きな流通機能です。しかし、広告やネットを通じて商品情報が消費者に直接伝わるようになると、チャネルの役割も変わってきます。

競争相手のブランドよりもより多く売ってくれるチャネルを選ぶことになります。そのため、売りたいブランドを目立つ場所に大量陳列したり、特売イベントをやる販売促進の役割が大きくなりました。商品が持つ特徴的な価値を地域の消費者にじかに伝える役割が大きくなって来ました。インストア・マーチャンダイジングなどと呼ばれました。

その役割がさらに進化しています。価値創造のチャネル戦略です。早くから朝日酒造の久保田のマーケティングがこの役割の有効さを実証しています。朝日酒造は淡麗辛口の日本酒久保田を、全国８００店ほどの酒専門店でしか売りません。久保田店と呼ばれる特約店です。久保田店では冷蔵ショーケースで久保田の商品管理を徹底します。日付管理を徹底します。久保田ファンの顧客リストを整備して季節ごとの飲み方提案をお知らせします。店内に試飲コーナーを作って定期的に試飲会をやります。安売りはありません。このお客さま関係が、久保田というブランド価値をさらに引き上げます。

もったいない、リユース、エコロジーなど消費意識変化のなかで、新車がなかなか売れません。三菱自動車は三菱愛着プロジェクトというマーケティングを始めました。これまでに買っていただいたお客さまに、より価値あるサービスを徹底しようという作戦です。長持ちする車づくり、10万キロ保証、リフォームサービス、ディーラースタッフの接客サービスアップ、いろいろやっています。買っていただいたお客さまへのサービスを高めることにより満足度を上げ、リピートや推奨につなげようという狙いです。モノマーケティングからチャネルマーケティングへの進展です。この愛着戦略が効果を見せ始めています。新車販売にも結びついてきました。

日本ホビーショーという見本市を35年前から手伝っています。今のホビーショーは新製品を発表展示するというよりは、ホビー用品の使い方や楽しみ方を提案するマーケットショーと位置づけられています。手芸の楽しみ方や写真の使い方の提案です。食もホビーの分野です。紀文は小さな竹輪にチョコレートや柿の種を挟んだ「作り方食べ方」の提案をしました。いい反響でした。商品化されました。これがカタコトチャネルです。

これからは、顔の見えるお客さまとの関係が大事な時代です。それぞれのお客さまへの個別提案を積み上げて、大きな成果にするのが価値創造のマーケティングです。その核になるのが価値創造チャネルです。ネットを使っての価値創造もこれからの方向です。

9　日本らしいネットマーケティング

ネットショッピングの成長に目を見張ります。２０１２年度にはコンビニエンスストアの市場規模を上回ると言われています。消費者から見たネットショッピングの特徴はどこにあるのでしょうか。価格を比較して買える、いつでも手軽に買物ができる、手に入りにくい商品が買える、出かけなくても買物ができるなどが特徴です。生産者の顔や物語が見えて親近感が増す、重い商品は届けてもらえる、高度な情報が手に入る、なども消費者にとっては魅力です。これらの特徴を活かして専門品の分野でさえ、ネットショッピングは大きく広がっています。ネットにのらない商品はない、と言い切っても良いでしょう。

化粧品の分野で@コスメというサイトがユニークです。このサイトに消費者は自分の声を投稿します。消費者はテレビや新聞のマス情報以上にこの〝口コミ〟を信頼する傾向にあります。口コミサイトという新しいメディアの登場です。このメディア情報が、さまざまな日本人らしい化粧品の開発や使い方にフィードバックされています。@コスメはこのサイトと直営のショップを融合させて日本人に合った化粧を提案しています。

アメリカにリピート率75％を誇る靴専門小売ネットショップがあります。「ザッポス・ドットコム」です。24時間無休のコールセンター、８時間以内で間違いのない配送、マニュアルにない顧客サービス、顧客の電話に何時間でも応対するサービスなど、徹底した顧客対応が顧客を熱狂させ、いくつもの伝説を生み出しています。ネットではやれないとされてきたサービスを、対面以上のレベルでやる挑戦は日本にも似合っています。

今、注目されているのがネットスーパーです。イトーヨーカ堂はネットスーパーを「現代版ご用聞き」と捉えています。〝お寿司はさび抜きで〟などのご要望に応じる1日6便の配送回数を10～11便に拡大するなど、日本人の買物行動に合ったやり方を進めています。採算性など解決課題は多いものの、ネットの本質を掴んだ仕組みが開発できれば、少子高齢化、働く主婦の増加といった環境変化を背景に、日本らしい姿に育つと思います。

地域の農水産業などは、素晴らしい旬の産物を消費地に届けようにも良い手段を持ちませんでした。ここにネットの出現です。金沢の近江町市場で加賀野菜を扱う北形青果は、ネットを活かして農家と加賀野菜ファンの関係を濃くする流通業本来の役割を果たしています。リピート客を大事にしながら、加賀野菜お試しセットなどの商品を創って口コミと連動させています。これまで上げてきた事例に共通するのは、インターネットという便利な手段をより効果的にするための「人のつながり」や「共感」です。使い古された言葉ですが「お客さまを第一に考えてのネットとリアルの融合」こそが、これからのネットマーケティングのキーワードです。

10　消費者に負けない強さを持つ、侮りは最大の敗因

改善が改悪になる例がよくあります。市場に受け入れられた商品やサービス。最初は念入りに考えてできあがりますが、いったん受け入れられると、コストダウンを考えるものです。コスト削減案と既存品を比較して、許容できるとして世に出します。暫くするとまた、削減案が生まれます。繰り返すうちに、最初のものと比較すると大きな差がついています。改善ではなく改悪です。サービスも同じです。マニュアルができ、心が浅薄になり、異例に応じられなくなります。初心の厳しい姿勢を貫かなければならないのはブランドの担当者です。営業からの価格ダウンの要求や、トップのコストダウンの指示に、揺らいでしまう気持ちを引き締めることです。ほんの少しの改悪がブランドの存続に影響します。顧客は侮《あなど》りを見抜きます。

営業やトップは他社の商品に羨望《せんぼう》を抱きます。自社のポジションに相応《ふさわ》しいものかも考えないで他社商品を気にするものです。商品の担当者は自社のイメージ蓄積と商品の配置バランスを考える責任があります。自社のポジションと商品のポジションの関係を把握して、顧客のイメージ蓄積を考えることが大切です。しかも、時代、世の中の変化と商品の位置も常に考えていなければなりません。

コモディティとブランドでは価値の作り方が異なります。コモディティは部分対応志向です。原材料、技術開発費、生産方法、流通費、販促費など、どこの部分でも極端にコストダウンをすると競争力が付きます。

ブランドは全体対応志向です。すべてに特徴をつける配慮が必要です。品質はもちろん、装丁、売り場、接客など全体がバランスされていなければなりません。1つでも欠けると他の価値を台無しにします。

必ずしもコモディティは低価格でブランドは高価格とは言えません。低価格でもキチッとした特徴を持ったブランドがあります。高価格ブランドの隙を見計らったブランドがどの業界にも生まれています。

侮りは自然に生まれてきます。世の中の変化が生み出すこともあります。人の生活が変わり、昔は贅沢《ぜいたく》であったものが今は当たり前になり、贅沢気分の商品が節約気分の商品へ移動していきます。前者にはより高度の付加価値の追加が必要になり、後者は価値を維持しながらも、より低価格化が求められます。

商品の位置移動の現象は一企業の対応の問題だけではありません。業界の問題だけでもありません。他業界、他国の変化によって生まれたものでもあります。つまり、変化に対応しないことが、侮りなのです。

注・参考文献

注）鳥居直隆監修『強いブランドの開発と育成』ダイヤモンド社　2000年　1章p3

・W・チャン・キム／レネ・モボルニュ『ブルー・オーシャン戦略』ランダムハウス講談社　2005年

・青島弘幸著『ブルー・オーシャン戦略のツボがよ～くわかる本』秀和システム　2009年

・『PSS：Protessional Selling Skills』㈱富士ゼロックス総合教育研究所

おわりに

1　六重苦に悩む日本経済・マーケティングの出番

円高が日本経済の六重苦の1つと言われています。高法人税・環境規制・労働規制・電力不足・貿易自由化の遅れ、そして円高です。しかし、円安のほうが良いのでしょうか。円高は外貨との比較相場の結果ですから、それに適応することが大切です。そうですね、適正相場がいいのです。円高は日本経済が海外から評価されている証拠でもあります。これまでの輸出産業にはブレーキですが、原材料を安く買って付加価値のある商品に変えるという意味ではプラスです。円安によって引き起こされる悪性インフレのほうが怖いのです。円高を活《い》かすマーケティングの出番です。

資源の少ない日本はどうするのでしょうか。発想の転換と、知恵を出して新しい資源を生み出すしかありません。農業を工場化することにより、良質の農産物が生み出される可能性があります。気候や害虫などに影響されなくなります。世界が食料不足により物価高になれば、さらに競争に強くなります。そのノウハウが資源になります。ノウハウが資源になるものは他にもたくさんあります。鉄道の運行、原発、化石燃料の掘削、環境浄化、上下水などのプラントやシステムです。日本列島を取り巻く海底からの資源発掘生産や、都市鉱山といわれるリサイクル資源の回収、などのノウハウも資源となります。

これらの資源を市場化するために新しいマーケティングが求められます。東日本大震災以後、日本人のライフスタイルがセーブ&スマートの方向に変わりつつあります。これまでの消費者ニーズ対応の発想から、生活者のライフスタイルに焦点をあて、生活提案を積み重ねるマーケティングに進化せねばなりません。消費者志向から生活者起点への転換です。この生活者起点マーケティングを本気で実践することによって、これまでにない市場が生まれます。ビジネス好機が生まれます。

次ページの表は、エネルギー、環境、医療、介護、ICT（情報通信技術）など大きなテーマとは別に、身近なものを拾いあげてみたチャンスの表です。

2 生活者によりそう

SPA（製造小売業）やPB（プライベート・ブランド）が元気です。いずれも小売業によるビジネスモデルです。メーカーは競争に勝つために、手っ取り早く価格に注目して

これからの身近なビジネス好機

1　日本列島を活かすビジネス

長い列島に生まれた特徴的な文化、四季の繊細な解釈文化から生まれるもの

2　きめ細かな日本スタイルのビジネス

旅館や温泉にあるきめ細かさ、接客のもてなし精神を活かしたサービス、きめ細かな職人技

3　オペレーション・ソフトの輸出

オートメーションファクトリー、コンビニエンスストア、病院、介護、エステ、などのオペレーション・ソフト

4　日本文化ビジネス

アニメ、秋葉原、郷土祭り、里山生活

5　しつけ教育ビジネス

友達、祖父母、両親との関係希薄化を補う人間関係の教育

6　高齢者ビジネス

元気な高齢者雇用活用、活動場面の提供、時間つぶし場の提供

7　自然ビジネス

洗浄、清浄、環境回復、自然回帰、自然の中の生活提案

8　達成感ビジネス

自己啓発の達成感、健康・身体つくりの達成感、創作の達成感

9　コンバイン（合体）ビジネス

使い方教室・使う場所とモノのコンバイン、異業種のコンバイン

10　コミュニティビジネス

地域おこしノウハウ、小商圏小売店や小さなショッピングセンター、ネットリテールサービス

きました。そのほうが、社内も社外も説得しやすいからです。さらに競争が進み、量販店などの大量に売れる売場に置いてもらうことが競争になりました。小売業は置いてあげることを武器に価格ダウンや返品や協賛金を要求しました。この繰り返しは製品コストに跳ね返り、品質の劣化につながりました。商品寿命が短くなり、未熟な商品の乱発になりました。顧客不在になり生活者の心からズレてきました。

そのズレを良く知っている小売業は、同質大量のメーカー商品に満足できずに、自ら商品を企画し始めました。新しいPB戦略です。一昔前のPBは、メーカーの既存品を単純に焼き直してコストを省き、価格を引き下げることによって競争しました。今は自ら顧客に合ったものを企画販売しようとしています。小売マーケティングの実践です。メーカーが見離されかけています。その企画力はメーカーの技術研究力にも勝る勢いです。さまざまな企業が持つ技術の編集による協働生産は、これまでにない商品の発売を可能にしました。

メーカーには、生活者に限りなく近い経営への回帰が求められています。今、取り戻すべきは自らのコア・コンピタンスです。もともと持っている技術研究の蓄積が生きてきます。差別性のあるものが見えてくるはずです。専門に研究しているメーカーが、編集メーカーに負けるのはおかしいのです。過去の成功の延長線上で考えているからだめなのです。

日本も先進国贅沢病を治すために思い切ったダイエットが必要です。すでに日本でも節約生活が始まっています。その層は確実に増えます。それに合わせたマーケティングの見直しが必要です。

インターネットが大きく成長しています。ネットにのらないビジネスはないと言ってもいいぐらいの広がりをみせています。ネットは巨大な情報技術革新です。このイノベーションをどうマーケティングするかはこれからです。マーケティングの本質を見極めて進まなければなりません。ここでも、これまでマーケティングが辿《たど》り着いた〝心〟が大切になります。生活者の心をどう捉えてどう幸せを創っていくかです。

3　競争と共存の両立が日本の心

先進国は格差と失業増にあえいでいます。日本も高度成長期に多少の格差がありましたが、全体的に豊かになりました。それがバブルの頃からおかしくなりました。金融が主役になった頃からです。バブル崩壊後、政府はいち早く再生機構を立ち上げて、日本は自らの力で立ち直りました。他国の援助は受けていません。失われた20年と言われるこれまで、なんとか共存の道を手探りしてきました。そこにグローバル金融危機の突風です。今、その試練から抜け出そうともがいています。日本企業はできるだけ日本に基幹技術や人材を残そうと努力しています。基幹技術は関係性の強い共存企業との協働によって生まれ育ちます。この考えは正しいと思います。

ファンドや金融投資がすべて悪いというわけではありません。たくさんの基金が東北の被災地を救い、復興の後押しをしてくれています。自己の利益のためにやるか、社会のためにやるか、紙一重の差で結果は大きく変わります。決めるのは心ひとつと言って良いでしょう。共存への貢献によって決まる競争社会づくりが必要です。日本の心、忘れかけていた宝物が震災によって掘り起こされたのです。

本書は4人のマーケティング実務家がマーケティングに関する〝思い〟を書き記したものです。マーケティングの根源は〝人〟であることが伝わったかと思います。

マーケティングの本質を考え直してみますと、何にでも共通する生き方の道筋、つまり人道であることであることが分かります。震災を機に見られた〝日本人の心〟に戻れば小手先の手法はいらないのです。競争に不利な考え、という理由から道徳心を押し殺してきた時期があったようです。効率が悪く遠回りでも、人の道からぶれない姿勢は必ず世の中から認められる時が来るものです。道徳心に則《のっと》り、自信を持って堂々と競争をしようではありませんか。

今、日本は特有の勤勉さ、道徳感や精神を喪失しかけています。教育のあり方が未整備なため、学生たちには何かに没頭する訓練ができていません。マーケティングに携わる私たちも、この道徳心と精神性を伝えていきたいと考えます。親として、上司として、先輩として、日本に以前からあった特有の精神を後進に伝えることが、日本マーケティングの未来につながると考えます。

この書を書くに当たり多くの方々から適切な助言とご示唆、ご協力をいただきました。特に談話室を書いていただいた方々、取材にご協力いただいた方々のご協力に感謝すると共に、貴重な推薦の文をお寄せいただいた鳥居直隆先生に心からお礼申し上げます。また、大変な時期に出版の機会を与えて下さった税務経理協会の峯村英治氏と、この本の企画から仕上げまでを終始手伝い励まして下さった(社)流通問題研究協会事務局長の毛利庸子氏ほか、多くの方々に誌面を借りてお礼を申し上げます。

執筆者一同

著者紹介

三浦　功（みうら　いさお）
1936年高知県生まれ。1959年青山学院大学経済学部卒。㈱日経映画社，㈱日本リサーチセンターを経て1964年流通問題研究協会の創立に参画。同協会専務理事，会長を経て，2011年から理事相談役。日本マーケティング塾創立に参画。主な著書に『顧客創造の商店経営』『ボーダレス流通への挑戦』（共に中央経済社）など。

溝呂木健一（みぞろぎ　けんいち）
1947年栃木県生まれ。1970年早稲田大学第一政経学部卒業。㈱資生堂に入社後，販売会社営業，本社商品開発部，香港研修員駐在，タイ特命駐在，㈱イプサ常務取締役，㈱資生堂国際マーケティング部長などを経て，2005年から平成国際大学法学部教授。小売店育成塾講師，経営コンサルタント，日本語教師。

甲斐貫四郎（かい　かんしろう）
1949年石川県生まれ。1974年立教大学社会学部卒業。富士ゼロックス㈱入社後，事業計画，営業企画，マーケティングプランニングなどの業務をとおして県別連結マーケティング戦略を立案，展開。営業本部スタッフを統括する業務を経て，2005年富士ゼロックス埼玉㈱代表取締役社長。2010年富士ゼロックスインターフィールド㈱の代表取締役社長。

青島　弘幸（あおしま　ひろゆき）
1953年東京都生まれ。1977年慶應義塾大学文学部社会学科卒業。パイオニア㈱入社後，同社のマーケティング，商品企画，新事業開発業務に従事。2008年創発コンサルティングを創業し，代表に就任。ビジネスコンサルタントとして，新事業･新商品開発やマーケティング支援を推進中。中小企業診断士。著書に『ブルー・オーシャン戦略のツボがよ～くわかる本』（秀和システム刊）。

注記：(社)流通問題研究協会の橋本佳往専務理事に，第５章の９の特別寄稿をいただきました。

著者との契約により検印省略

平成24年３月25日　初版第１刷発行

日本の心が
マーケティングを超える
－おかげさまの心 ぶれない心

著　者　三浦　功
溝呂木健一
甲斐貫四郎
青島弘幸
発行者　大坪嘉春
印刷所　税経印刷株式会社
製本所　株式会社　三森製本所

発行所　〒161-0033 東京都新宿区下落合２丁目５番13号
株式会社　税務経理協会
振　替 00190-2-187408
電話 (03)3953-3301（編集部）
FAX (03)3565-3391
(03)3953-3325（営業部）
URL http://www.zeikei.co.jp/
乱丁・落丁の場合は，お取替えいたします。

ISBN978-4-419-05800-5 C3063